die WIENER küche

Adi Bittermann
Renate Wagner-Wittula

die Wiener Küche

Fotografiert von
Kurt-Michael Westermann

pichler verlag

Ein herzliches Danke
an meine liebsten
Jungköche und Lehrlinge

Patrick Bayer
Stefan Doubek
Stefan Steinhöfer
Gerhard Moravec
Raphael Rupp
Nikodemus Wiedner
Patrick Steyrer

Adi Bittermann

IMPRESSUM

ISBN: 978-3-85431-558-2

Bücher aus der Verlagsgruppe Styria gibt es
in jeder Buchhandlung und im Online-Shop

styriabooks.at

FOTONACHWEIS:
Peter Barci: S. 340, 350, 361
Rudolf Semotan: S. 8/9 (2.–5. Foto)
Archiv Pichler Verlag: S. 6/7
Alle übrigen Fotos sind Originalaufnahmen
von Kurt-Michael Westermann

LEKTORAT: Josef Weilguni

Foodstyling: Adi Bittermann und sein Team
COVERGESTALTUNG: Dario Santangelo
BUCHGESTALTUNG: Bruno Wegscheider

REPRODUKTION: Pixelstorm, Wien
DRUCK UND BINDUNG: Druckerei Theiss GmbH,
St. Stefan im Lavanttal

Inhalt

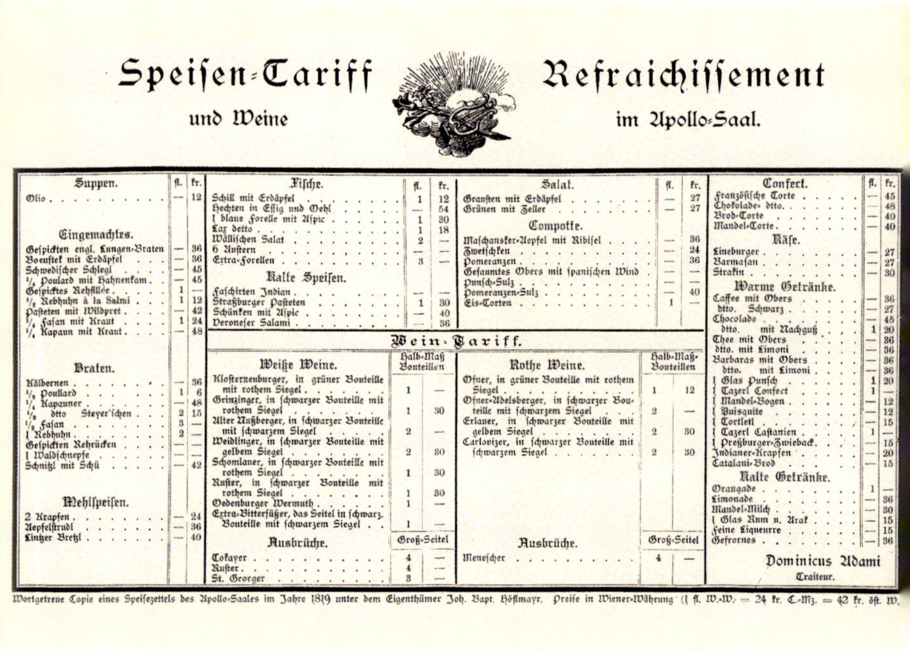

Speisen-Tariff und Weine — **Refraichissement** im Apollo-Saal.

Suppen.	fl.	kr.
Olio	—	12
Eingemachtes.		
Gespickten engl. Lungen-Braten	—	36
Boeuftek mit Erdäpfel	—	36
Schwedischer Schlegl	—	45
1/4 Poulard mit Hahnenkam	—	45
Gespicktes Rehfillée	1	—
1/2 Rebhuhn à la Salmi	1	12
Pasteten mit Wildpret	—	42
1/4 Fasan mit Kraut	1	24
1/4 Kapaun mit Kraut	—	48
Braten.		
Kälbernen	—	36
1/2 Poullard	1	6
1/4 Kapauner	—	48
1/2 dtto Steyer'schen	2	15
1/2 Fasan	3	—
1 Rebhuhn	2	—
Gespickten Rehrücken	—	—
1 Waldschnepfe	—	—
Schnitzl mit Schü	—	42
Mehlspeisen.		
2 Krapfen	—	24
Aepfelstrudl	—	36
Linzer Bretzl	—	40

Fische.	fl.	kr.
Schill mit Erdäpfel	1	12
Hechten in Essig und Oehl	—	54
1 blaue Forelle mit Aspic	1	30
Lax detto	1	18
Wällischen Salat	2	—
6 Austern	—	—
Extra-Forellen	3	—
Kalte Speisen.		
Faschirten Indian	—	—
Straßburger Pasteten	1	30
Schünken mit Aspic	—	40
Veroneser Salami	—	36

Salat.	fl.	kr.
Gransten mit Erdäpfel	—	27
Grünen mit Zeller	—	27
Compotte.		
Maschansker-Aepfel mit Ribisel	—	36
Zwetschken	—	24
Pomeranzen	—	36
Gesaumtes Obers mit spanischen Wind	—	—
Punsch-Sulz	—	—
Pomeranzen-Sulz	—	40
Eis-Torten	1	—

Wein-Tariff.

Weiße Weine.	Halb-Maß Bouteillen	
Klosterneuburger, in grüner Bouteille mit rothem Siegel	1	—
Grinzinger, in schwarzer Bouteille mit rothem Siegel	1	30
Alter Nußberger, in schwarzer Bouteille mit schwarzem Siegel	2	—
Weidlinger, in schwarzer Bouteille mit gelbem Siegel	2	30
Schomlauer, in schwarzer Bouteille mit rothem Siegel	1	30
Ruster, in schwarzer Bouteille mit rothem Siegel	1	30
Oedenburger Wermuth	1	—
Extra-Bittersüßer, das Seitel in schwarz. Bouteille mit schwarzem Siegel	1	—
Ausbrüche.	**Groß-Seitel**	
Cokayer	4	—
Ruster	4	—
St. Georger	3	—

Rothe Weine.	Halb-Maß-Bouteillen	
Ofner, in grüner Bouteille mit rothem Siegel	1	12
Ofner-Adelsberger, in schwarzer Bouteille mit schwarzem Siegel	2	—
Erlauer, in schwarzer Bouteille mit gelbem Siegel	2	30
Carlovizer, in schwarzer Bouteille mit schwarzem Siegel	2	30
Ausbrüche.	**Groß-Seitel**	
Menescher	4	—

Confect.	fl.	kr.
Französische Torte	—	45
Chokolade- dtto.	—	48
Brod-Torte	—	40
Mandel-Torte	—	40
Käse.		
Lineburger	—	27
Barmasan	—	27
Strakin	—	30
Warme Getränke.		
Caffee mit Obers	—	36
dtto. Schwarz	—	27
Chocolade	—	45
dtto. mit Nachguß	1	20
Thee mit Obers	—	36
dtto. mit Limoni	—	36
Barbaras mit Obers	—	36
dtto. mit Limoni	—	36
1 Glas Punsch	1	20
1 Tazerl Confect	1	—
1 Mandel-Bogen	—	12
1 Buisquite	—	12
1 Tortletl	—	15
1 Tazerl Castanien	1	—
1 Preßburger-Zwieback	—	15
Indianer-Krapfen	—	20
Catalani-Brod	—	15
Kalte Getränke.		
Orangade	1	—
Limonade	—	36
Mandel-Milch	—	30
1 Glas Rum u. Arak	—	15
Feine Liqueurre	—	15
Gefrornes	—	36

Dominicus Adami
Traiteur.

Wortgetreue Copie eines Speisezettels des Apollo-Saales im Jahre 1819 unter dem Eigenthümer Joh. Bapt. Höflmayr. Preise in Wiener-Währung (1 fl. W.-W. = 24 kr. C.-Mz. = 42 kr. öst. W.

DIE WIENER KÜCHE

Ein kleiner Exkurs in die kulinarische Welt der Donaumetropole

„Heut' kommen d' Engerl auf Urlaub nach Wien!" Und was werden sie da alles essen? Na, Hascheeknöderl, Kohlwürstelpudding, Grenadiermarsch, Liwanzen und Powidlpofesen. Dazu trinken sie ein, zwei Seidel oder einen G'spritzten, danach noch einen D'rüberstrarer und einen kleinen Braunen. Da wird der Himmel voller Geigen hängen! Sie verstehen nicht wirklich, worum es geht? Dann sind Sie in die tieferen Geheimnisse der Wiener Küche offenbar nicht wirklich eingeweiht. Denn wie kaum eine andere Küche ist die Wiener Küche voller sprachlicher Überraschungen, die rund um Datschkerl, Nockerl, Buchteln und Dalken kreisen. Wir genießen sie also, wir sprechen von ihr, wir schreiben über sie – aber was macht die Wiener Küche nun wirklich aus, was ist typisch an ihr? Ja, die indische Küche kommt nicht ohne Gewürze wie Chili, Kurkuma oder Kardamom aus, die italienische wäre ohne Paradeiser, Basilikum und Olivenöl unvorstellbar – aber wo ist der „rote Faden" in der Wiener Küche? Die kuriosen Speisennamen alleine können das wohl nicht sein. Dieses Leitmotiv ist vielleicht am ehesten darin zu finden, dass es selbiges nicht gibt, so paradox das auch klingen mag. Die Wiener Küche hat sich im Laufe ihres jahrhundertelangen Bestehens nämlich enorm vieles von dem angeeignet, was den Nachbarn im ehemaligen Vielvölkerstaat gut schmeckte. Heute wäre das ein klarer Fall von Fusion-Küche, was da alles in den Pfannen und Töpfen an der Blauen Donau köchelt und brutzelt:

Das Gulasch in all seinen Spielarten, vom Fiakergulasch bis zur feurigen Gulaschsuppe, stammt aus Ungarn (wenngleich unser Gulasch vielmehr dem ungarischen Pörkölt gleicht), beim Tafelspitz, dem Star der berühmten Wiener Rindfleischküche, lässt das italienische *Bollito misto* grüßen, und das Flaggschiff der Wiener Küche im Bröselkleid, das Wiener Schnitzerl, entpuppt sich überhaupt als echter Globetrotter, dem es ähnlich wie dem nicht minder legendären Gralsritter Lohengrin ergeht, dessen Herkunft man besser nicht erfragen sollte.
Wollen die einen Kulinarhistoriker bereits im Mittelalter Spuren von paniertem Fleisch in von Mauren besiedelten Gebieten Spaniens ausgemacht haben, so orten andere Experten hingegen das sagenumwobene Schnitzerl im 12. Jahrhundert im jüdischen Viertel von Konstantinopel. Am beliebtesten ist allerdings jene Variante, die ins Italien der Renaissance führt. Zu jener Zeit galt es nämlich als schick, edle Speisen mit echtem Blattgold zu verzieren (ein Trend, der übrigens bis in die 80er-Jahre des vorigen Jahrhunderts auch in unseren Luxustempeln ab und an noch auszumachen war). Als im 16. Jahrhundert das Vergolden von Speisen per Dekret verboten wurde, täuschten fantasievolle Köche die „güldene" Optik durch die Ummantelung mit goldgelb herausgebackenen Bröseln vor – und wenn schon nicht das verbriefte *Wiener Schnitzerl*, dann war wenigstens das *Costoletta Milanese* geboren.
Und ebenjenes soll der Legende nach Feldmarschall Joseph Wenzel von Radetzky gute 300 Jahre später vor Ort kennen und so lieben gelernt haben, dass er das Rezept als kulinarisches Beutestück mit in seine Wiener Heimat brachte.
Wie es Legenden so an sich haben, man erzählt sie gerne weiter, ihr Wahrheitsgehalt ist

indessen eher bescheiden. Also ist anzunehmen, dass in Wien, der Hochburg der bröseligen Panierkunst, auch schon vor der Mitte des 19. Jahrhunderts eifrig alles paniert wurde, was sich nur im Entferntesten dazu eignete. Neben dem mittlerweile ebenfalls zum Klassiker gewordenen *Backhendl,* also dem panierten und in heißem Fett herausgebackenen Huhn, auch und gerade ein saftiges Schnitzerl von der Kalbsschale – denn nur ein solches darf streng genommen als *Wiener Schnitzerl* laufen. Wird Schweinefleisch paniert, so müsste das korrekterweise als gebackenes Schweinsschnitzel bezeichnet werden.

Warum gerade in der Wiener Küche so gerne und viel paniert und – vorzugsweise im „Pfandl" in Butterschmalz und keinesfalls in der Fritteuse – herausgebacken wird, hat mehrere Gründe. Zum einen galt der Wiener schon seit jeher als Freund der deftigen Genüsse. Ein Umstand, der auch viele Poeten, von Friedrich Schiller bis zu Josef Weinheber, zu mehr oder weniger schmeichelhaften Hymnen auf das Essverhalten der Wiener anregte. Aussprüche wie der folgende gaben und geben hemmungslosen Genießern denn auch den Freibrief für ungezügelten Genuss: „Im Ausland haben's ja eh die Vorstellung von Wien, dass da alleweil die Backhendl'n h'rumfliegen."

Der Verfasser dieses Zitates, Hans Jörgel von Speising, hat seinen Namen kurioserweise auch einem weiteren Wiener Charakteristikum zu verdanken – der sprachlichen Miteinbeziehung des Themas „Essen" auch in Bereiche, die mit Essen nichts zu tun haben. Der Wiener hat jemanden „zum Fressen gern", hat etwas „schon g'fressen", wenn es ihm nicht gefällt, oder ist „ang'fressen", wenn ihm etwas nicht behagt. Die Liste ließe sich endlos fortsetzen, um schließlich bei der

„blöd'n Blunz'n", einer ungeliebten Person, oder dem „Blunz'nfettsein", dem Zustand der totalen Trunkenheit, zu enden.
Doch zurück zur Frage, warum auch in heutigen Umfragen nach dem Lieblingsgericht der Wiener Gebackenes an erster Stelle rangiert. Die Wiener verstehen zu genießen, tun dies gerne, zeigen sich aber eher konservativ. Da birgt ein knusprig herausgebackenes Hühnerhaxerl wenig Gefahren für unerwartete böse Überraschungen. Mit Paniertem ist man auf der sicheren Seite! Auch aus der Sicht des Kochs oder der Köchin.
Ein deutlich erkennbarer Trend weg von allzu schweren Genüssen hin zu leichter, bekömmlicher Kost macht sich allerdings in den letzten Jahren bemerkbar. Nach den revolutionären Umschwüngen der „Neuen Wiener Küche" der späten 70er-Jahre des vorigen Jahrhunderts, die Spitzenrestaurants wie das „Steirereck" erst möglich machten, sind es nun globale Einflüsse, die auch den Wienern neue kulinarische Erlebnisse bescheren. Döner, Sushi, Thai-Food und Dim Sum – sie haben es sich längst in der Wiener Restaurantszene gemütlich gemacht und werden in 100 Jahren mit Sicherheit die eine oder andere kulinarische Spur im Kanon der Wiener Küche hinterlassen haben. Einzig die Wiener Mehlspeisküche dürfte diesen multikulturellen Einflüssen tapfer Widerstand leisten. Powidltascherl, Kaiserschmarren, Topfengolatschen und Sachertorte sind denn auch ein eigener Kosmos für sich, in den sich kein „Außerirdischer" verirren dürfte.
In diesem Sinne wünschen wir Ihnen ein freudvolles Gustieren zwischen Panadelsuppe, Blunzengröstl und Milchrahmstrudel!

Adi Bittermann und Renate Wagner-Wittula

Kleine kalte Speisen und Salatkreationen

DREIERLEI AUFSTRICHE IM GLAS

Rote-Rüben-Kren-Aufstrich

ZUTATEN

200 g Topfen
4 EL Sauerrahm
2 EL geriebener Kren
1 gekochte Rote Rübe
1 TL Senf
Salz, Pfeffer
1 TL gemahlener Kümmel

ZUBEREITUNG

- Den Topfen passieren und mit Rahm verrühren.
- Gewürze sowie den frisch geriebenen Kren untermengen.
- Die Rote Rübe schälen und mit einem Reibeisen direkt in Masse hineinreiben.
- Nochmals gut durchmischen und mit Senf abschmecken.

VORBEREITUNGS- BZW. ZUBEREITUNGSZEIT: 10 Minuten

Karottenaufstrich mit Apfel

ZUTATEN

200 g Topfen
4 EL Sauerrahm
1 Apfel
2 mittelgroße Karotten
1 EL Honig
Salz, Pfeffer
ein wenig frische Dille, fein gehackt

ZUBEREITUNG

- Topfen mit Rahm, Honig und den Gewürzen verrühren.
- Apfel und Karotten schälen, Apfel würfelig schneiden und unter die Masse mengen. Karotten fein reiben und ebenfalls untermischen.
- Mit frisch gehackter Dille abschmecken.

VORBEREITUNGS- BZW. ZUBEREITUNGSZEIT: 10 Minuten

Kürbiskern-Aufstrich

ZUTATEN

200 g Topfen
4 EL Sauerrahm
2 Knoblauchzehen
100 g geröstete Kürbiskerne
60–70 ml Kürbiskernöl
1 TL gemahlener Kümmel
Salz, Pfeffer

ZUBEREITUNG

- Sauerrahm mit Topfen glatt rühren.
- Kürbiskerne sowie Knoblauchzehen hacken und mit Kümmel, Salz und Pfeffer untermengen.
- Mit einem kräftigen Schuss Kürbiskernöl abschmecken.

VORBEREITUNGS- BZW. ZUBEREITUNGSZEIT: 10 Minuten

Liptauer

ZUTATEN

- 100 g Gurkerl
- 50 g Kapern
- 300 g Gervais
- 150 g Brimsen (Schafsfrischkäse)
- 100 g Butter
- 2 EL edelsüßes Paprikapulver
- 1 Msp. Sardellenpaste
- 100 g Petersilie
- 1 TL Kümmel (ganz)
- 1 TL Senf
- Salz, Pfeffer
- Paprikapulver zum Bestreuen

ZUBEREITUNG

- Die Gurkerl sehr fein schneiden, die Kapern mit dem Messer zerdrücken oder auch sehr fein hacken. Die Petersilie fein schneiden.
- Butter in einer Schüssel schaumig rühren. Gervais sowie Brimsen zugeben und glatt rühren.
- Nun Gurkerl, Kapern, Sardellenpaste und Senf einrühren.
- Mit Paprikapulver, Kümmel, Salz und Pfeffer würzig abschmecken. Die Petersilie einrühren.
- Den fertig abgeschmeckten Liptauer in eine dekorative Schüssel füllen und vor dem Servieren Paprikapulver darübersieben.

VORBEREITUNGSZEIT: 10 Minuten
BEILAGENEMPFEHLUNG: knuspriges Schwarzbrot oder Vollkorngebäck

Nicht ohne meinen Liptauer!

Der Wiener Heurige ist ohne Liptauer genauso unvorstellbar wie der Prater ohne Riesenrad: Ein Glas frischer, fruchtiger Weißwein, dazu knuspriges, beim Hineinbeißen krachendes Schwarzbrot, dick bestrichen mit jenem pikanten, paprikaroten Aufstrich – das ist eine Symbiose, die erfunden werden müsste, gäbe es sie nicht schon! Aber ist jeder Liptauer, der da als freundlicher Mugel unter einem appetitlichen Schleier von Paprikapulver in der Vitrine auf hungrige Gäste wartet, wirklich ein Liptauer? Oftmals nicht. Denn was sich Liptauer nennt, sollte – zumindest teilweise – aus Brimsen gemacht werden. Das ist wiederum ein ursprünglich aus der Slowakei stammender Frischkäse aus Schafsmilch, der mittlerweile auch in Österreich in hervorragender Qualität produziert wird. Das Geheimnis, was darüber hinaus noch so alles in den beliebtesten Brotaufstrich der Wiener wandert, wird von g'standenen Heurigenwirtinnen ebenso gehütet wie jenes der echten original Sachertorte aus dem Hause Sacher. Feinspitze werden allerdings da etwas frisch gehackten Knoblauch, dort fein geschnittene Schalotten, hier den milden Geschmack eingerührter guter Butter oder das feurige Aroma kleiner Chilistückchen herausschmecken. Ja sogar kräftiges Quargelaroma ist im Liptauer mitunter geortet worden – und das keinesfalls zum Nachteil. Aber eines geht gar nicht: ein Heurigenbesuch ohne Liptauer!

Maurerforelle

ZUTATEN

4 Knackwürste
4 kleine Zwiebeln
1 Bund Radieschen
je 1 grüne und rote Paprikaschote
4 hart gekochte Eier
edelsüßes Paprikapulver
Öl und Essig
Salz

ZUBEREITUNG

- Radieschen in Scheiben schneiden, gut einsalzen und 10 Minuten stehen lassen.
- Paprikaschoten entstielen, entkernen und in längliche Streifen schneiden.
- Zwiebeln in Scheiben schneiden und dann die Ringe voneinander loslösen. Mit etwas Paprikapulver bestreuen und mit Öl und Essig beträufeln. Durchmischen und kurz ziehen lassen.
- Von den Knackwürsten die Haut abziehen und die Wurst jeweils der Länge nach etwa zu zwei Dritteln auf-, aber nicht ganz durchschneiden. Etwas auseinanderdrücken und die Knacker mit den marinierten Zwiebelringen füllen. Auf Tellern anrichten.
- Radieschen mit Küchenkrepp etwas abtupfen und mit den Paprikastreifen rund um die Knackwurst verteilen. Nach Belieben noch mit etwas Essig und Öl beträufeln.
- Eventuell übrig gebliebene Zwiebelringe rundum legen.
- Eier schälen und jeweils der Länge nach halbieren oder mit einem Eiteiler in Scheiben schneiden. Auf dem Gemüse anrichten und leicht salzen.

VORBEREITUNGSZEIT: 15 Minuten
BEILAGENEMPFEHLUNG: frisches Gebäck

Rindfleischsalat

ZUTATEN

400 g gekochtes Rindfleisch
je 100 g rote, gelbe und grüne Paprikaschoten
100 g rote Zwiebeln
Salz, Pfeffer
2 Knoblauchzehen
Schuss Essig
Öl und Kürbiskernöl
1 TL Senf
Schuss Rindsuppe
Zucker

Für die Garnitur

30 g geröstete Kürbiskerne
Zwiebelringe und Paradeiser

ZUBEREITUNG

- Das gekochte Rindfleisch am besten auf der Brotschneidemaschine in dünne Scheiben, dann mit dem Messer in Streifen schneiden.
- Paprikaschoten entkernen und in feine Streifen schneiden. Zwiebeln in dünne Ringe schneiden, Knoblauch fein hacken.
- Essig mit Öl, Senf, Knoblauch, einer Prise Zucker, Salz und Pfeffer zu einer sämigen Marinade verrühren. Mit einem Schuss Rindsuppe abschmecken.
- In einer Pfanne Paprika und Zwiebeln in Öl nur ganz kurz anschwitzen. Unter die Marinade mengen.
- Nun Rindfleisch unterheben und zugedeckt 15–20 Minuten ziehen lassen. Vor dem Anrichten nochmals durchmischen und nach Belieben mit Zwiebelringen, Paradeisern, gerösteten Kürbiskernen und Kürbiskernöl garnieren.

VORBEREITUNGSZEIT: 30–40 Minuten inkl. Ziehenlassen

Schaffrischkäse-Teller mit grünem und weißem Spargel

ZUTATEN

1–2 Rollen Schaffrischkäse
je 4 Stangen weißer und grüner Spargel
1 Handvoll Cherryparadeiser
Basilikum zum Garnieren
2 Knoblauchzehen
Basilikumpaste (s. S. 405)
Salz, Pfeffer aus der Mühle
brauner Zucker
gutes Olivenöl

ZUBEREITUNG

- Weißen Spargel schälen, bei beiden Sorten das holzige untere Ende entfernen und in Salzwasser mit einem Schuss Zucker bissfest kochen.
- Parallel dazu das Backrohr auf 180 °C vorheizen. Paradeiser gemeinsam mit Salz, einer Prise braunem Zucker, klein gehacktem Knoblauch und etwas Olivenöl abmischen und in eine Backform geben. Im heißen Rohr 10–12 Minuten garen, bis die Haut aufplatzt. Herausnehmen.
- Gekochten Spargel in mundgerechte Stücke teilen, Schafkäse in Scheiben schneiden.
- Nun Schafkäse mit Spargel anrichten, mit Salz sowie Pfeffer aus der Mühle würzen. Mit Olivenöl und etwas Basilikumpaste beträufeln. Mit Paradeisern und Basilikum garnieren.

VORBEREITUNGSZEIT: 10 Minuten
KOCHZEIT: weißer Spargel 10–12, grüner ca. 6 Minuten, Paradeiser 10–12 Minuten
BACKROHRTEMPERATUR: 180 °C

Gefülltes Ei

ZUTATEN

4 Eier
50 g Butter
Salz, Pfeffer
Senf
Essig
Basilikumpaste (s. S. 405)
Zucchini-Melanzani-Paste (s. S. 406)

ZUBEREITUNG

- Die Eier in Essigwasser kalt aufstellen, aufkochen und noch etwa 10 Minuten hart kochen.
- Kalt abschrecken, schälen, halbieren und die Dotter auslösen.
- Butter schaumig schlagen und mit Salz, Pfeffer sowie Senf würzen.
- Dotter mit einer Gabel zerdrücken, zugeben und die Masse in einen Spritzsack füllen. Kurz kalt stellen und dann in die ausgehöhlten Eierhälften einspritzen.
- Bärlauchpaste sowie die Zucchini-Melanzani-Paste jeweils extra in einem dekorativen Glas oder Schüsselchen anrichten und mit dem gefüllten Ei auftragen.

KOCHZEIT: 15–20 Minuten
FERTIGSTELLUNG: 30 Minuten
BEILAGENEMPFEHLUNG: knuspriges Schwarz- oder Weißbrot

Dreierlei von der Urkarotte

ZUTATEN

500 g Urkarotten (oder andere Karotten)
frisch abgeriebene Orangenschale
frisch gehacktes Basilikum
Balsamicoessig
Honig
Zitronensaft
Salz und grobes Meersalz
Pfeffer
Olivenöl

ZUBEREITUNG

- Karotten schälen, den Anschnitt wegschneiden und leicht salzen. Mit etwas Olivenöl durchmischen und in einem Topf kurz anschwitzen. Mit wenig Wasser aufgießen und zugedeckt ca. 20 Minuten weich schmoren. (Oder in Alufolie gehüllt im Dampfgarer bei 95 °C 20 Minuten garen.)
- Karotten auskühlen lassen.
- Etwa ein Drittel der Karotten in kleine Stäbchen schneiden. Mit Olivenöl und Zitronensaft marinieren. Mit grobem Meersalz bestreuen und auf Tellern anrichten.
- Das zweite Drittel der Karotten für das Tatar feinwürfelig schneiden oder hacken. Mit Salz, Olivenöl, Orangenschalen, frischem Basilikum, Balsamicoessig und etwas Honig vermengen. Ziehen lassen. Die recht klebrige Masse zu einem netten kleinen Krapferl formen und anrichten.
- Den Rest der Karotten im Mixer pürieren. Mit Honig, Zitronensaft, Olivenöl, Salz und Pfeffer aufmixen und vor dem Anrichten nochmals abschmecken.

VORBEREITUNGSZEIT: 5 Minuten, Fertigstellung jeweils 10 Minuten
GARZEIT: insgesamt 30 Minuten
GARNITUREMPFEHLUNG: Sauerrahm, Haselnüsse, Kresse, Paradeiser, Schnittlauch etc.

Urige Möhre

Biowichtel wissen es schon länger, unter Feinspitzen macht es langsam die Runde: Das, was wir als Karotte in den Suppentopf tun, ist eigentlich „nur" eine Weiterentwicklung jener Urkarotte, die einst aus dem Vorderen Orient zu uns kam. Diese mag vielleicht aufgrund ihrer dunklen, schwarzvioletten Farbe nicht besonders attraktiv aussehen, ihr Innenleben verspricht dem Karottenknabberer dafür dank extrem hohem Gehalt an Vitamin B, C, Karotin und Antioxidantien nahezu ewiges Leben. Kein Wunder also, dass die Urkarotte unter Kennern gleich als das bezeichnet wird, was sie ist: als Gesundheitsmöhre.

Avocado-Tatar

ZUTATEN

2 reife Avocados (s. Tipp)
Salz, Pfeffer
Gelbwurz (ersatzweise Curry)
Ingwerpulver
1 TL Honig
Zitronensaft
Schuss Olivenöl

ZUBEREITUNG

- Avocados halbieren, den Kern entfernen und das Fruchtfleisch mit einem Löffel herauslösen. Mit der Gabel zerdrücken und sofort mit etwas Zitronensaft vermengen.
- Mit Honig, Ingwer, Gelbwurz, Salz, Pfeffer und einem Schuss Olivenöl pikant abschmecken.

VORBEREITUNGSZEIT: 10 Minuten
GARNITUR: Pumpernickel oder andere Schwarzbrotbrösel sowie getoastete Briochescheiben
VERWENDUNG: Avocadopüree schmeckt auch sehr gut auf roh mariniertem Fisch (Lachs, Räucherforelle etc.) oder auf getoastetem Weißbrot, verfeinert aber auch Nudelsalate.

DER SPEZIELLE TIPP: Manchmal sind Avocados so hart, dass auch eine längere Lagerung daran nichts ändert. In diesem Fall die Avocado in Würfel schneiden und in etwas Apfelsaft 5–8 Minuten weich kochen. Abseihen. Den restlichen Apfelsaft mit Gewürzen einreduzieren (stark einkochen), bis er schön dickflüssig geworden ist. Unter die Avocadowürferl mischen und nach Belieben weiterverwenden.

Räucherforellentatar mit Erdäpfelpuffer

ZUTATEN

ca. 350 g Räucherforellenfilet
Erdäpfelpuffer II (s. S. 165)
1 Salatgurke
2 Radieschen
100 g Sauerrahm
Estragonsenf
1 Msp. Honig
1 EL frisch gehackte Dille
Salz, Pfeffer
geschmolzene Paradeiser und Dillzweiglein als Garnitur nach Belieben

ZUBEREITUNG

- Die Gurke schälen, entkernen, kleinwürfelig schneiden und leicht salzen. Etwa 10 Minuten stehen lassen.
- Inzwischen Radieschen kleinwürfelig schneiden. Gurke abseihen, mit Radieschen sowie Rahm verrühren und mit gehackter Dille, Salz, Pfeffer, etwas Senf und wenig Honig abschmecken.
- Vom Räucherforellenfilet 4 oder 8 kleine Streifen für die Garnitur zur Seite legen. Den Rest kleinwürfelig schneiden und mit der Gurkenmasse vermengen. Kalt stellen.
- Inzwischen Erdäpfelpuffer wie angegeben vorbereiten. In der später gewünschten Form rund (mit Hilfe eines Rings) oder eckig braten und wieder herausheben. Auf Tellern anrichten.
- Das Forellentatar auf die Puffer auftragen und in die gewünschte Form bringen. Die zur Seite gelegten Filetstreifen darauf drapieren und nach Belieben mit frischer Dille und geschmolzenen Paradeisern garnieren.

VORBEREITUNGSZEIT: 30 Minuten
GARZEIT: Erdäpfelpuffer ca. 6–10 Minuten

Kalte Spargel-Palatschinken

ZUTATEN

8 dünne Scheiben Schinken
8 Stangen gekochter Spargel
Wildkräuterpaste zum Garnieren (s. S. 406)
Sauerrahm zum Bestreichen
Butterschmalz
Salz
Olivenöl

Für die Palatschinken

500 ml Milch
200 g glattes Mehl
1 Ei
2 Eidotter
Salz, Muskatnuss

ZUBEREITUNG

- Für die Palatschinken Milch mit Mehl, Ei, Dottern, Salz und einer Prise Muskatnuss glatt rühren. Durch ein Sieb laufen lassen, damit keine kleinen Klümpchen im Teig bleiben.
- In einer passenden Pfanne etwas Butterschmalz erhitzen, etwas Teig eingießen und insgesamt 8 kleine Palatschinken darin backen.
- Die fertigen Palatschinken auflegen, mit Rahm bestreichen und je ein Blatt Schinken darauflegen. Den gekochten Spargel salzen, mit etwas Olivenöl beträufeln und dann so auf die Palatschinken legen, dass die Spitze herausschaut. Palatschinken straff einrollen, mit Folie abdecken und 15 Minuten kühl ziehen lassen.
- In Stücke schneiden, auf Tellern anrichten und mit der Kräuterpaste garnieren.

VORBEREITUNGSZEIT: 10 Minuten
KOCHZEIT: Spargel kochen je nach Stärke 6–12 Minuten, Palatschinken 1–2 Minuten pro Stück

Knuspriger Erdäpfelsalat

ZUTATEN

- **600 g Erdäpfel**
- **100 g rote Zwiebeln**
- **2 Handvoll Friséesalat oder Rucola**
- **1/16 l (60–70 ml) Sauerrahm**
- **Schuss Balsamicoessig**
- **Salz, Pfeffer**
- **1 TL Senf**
- **Oliven- und Pflanzenöl**
- **Zucker**
- **Cherryparadeiser und Kräuter zum Garnieren**

ZUBEREITUNG

- Die Erdäpfel in dünne Scheiben schneiden und in einer tiefen Pfanne in heißem Öl knusprig frittieren. Herausheben und abtropfen lassen.
- Inzwischen Zwiebeln fein schneiden und in etwas Olivenöl anschwitzen. Mit Salz, Pfeffer, wenig Zucker und Senf würzen.
- Vom Herd nehmen. Sauerrahm einrühren und mit einem Schuss Balsamicoessig abschmecken.
- Mit dem gut abgetropften Salat vermischen. Erst unmittelbar vor dem Servieren die knusprigen Erdäpfelscheiben untermengen.
- Rasch auf Tellern anrichten. Mit Cherryparadeisern und frischen Kräutern garnieren.

VORBEREITUNGSZEIT: 10 Minuten
KOCHZEIT: 15 Minuten frittieren
VERWENDUNG: Dieses aparte Zwischengericht lässt sich auch sehr gut mit roh marinierten Fischen, etwa Lachs oder Forelle, kombinieren.

Indianische Papas „schlank"

Erdäpfel – und nichts anderes meinte der österreichische Humanist Wolf Helmhard von Hohberg (1612–1688), als er seinen Landsleuten Tipps zur sinnvollen Verarbeitung der „indianischen Papas" gab – punkten selbst gar nicht mit so hohem Kaloriengehalt, wie ihre Zubereitung nicht selten ins Desaströse umkippt. Stichwort: Pommes oder „Mayonnaisesalat". Bei letzterem Gericht dominiert die Öl-Ei-Bindung in einem Maße, dass die Wiener liebevoll darauf verzichten, die Erdäpfel überhaupt in den Namen aufzunehmen. Also wird der Unwissende, der in einem Restaurant selbiges bestellt, keinesfalls eine Gemüsemayonnaise mit hohem Karotten-, Erbsen- oder Sellerieanteil als Beilage serviert bekommen, sondern einen üppig mit Mayonnaise gebundenen Erdäpfelsalat. Also ganz das Gegenteil von obigem „knusprigem" Erdäpfelsalat, einer luftig-leichten Spielart dieses Wiener Salatklassikers.

Tafelspitzsülzchen auf marinierten Rüben

ZUTATEN FÜR CA. 8 PORTIONEN

1 l Rindsuppe
1 kg gekochter Tafelspitz (s. dazu S. 223 und Tipp)
200 g Karotten
100 g gelbe Rüben
50 g Sellerie
2 Schalotten
12 Blätter Gelatine
Schuss Essig
Senf
2 Thymianzweiglein
Olivenöl

Für die Garnitur

1 (wenn möglich gesprenkelte) Rübe
100 ml Rahmsafterl
Olivenöl und Öl
Essig
Salz, Pfeffer

ZUBEREITUNG

- Gekochtes Rindfleisch in kleine Würferl, Wurzelgemüse ebenfalls kleinwürfelig schneiden. Gelatine in kaltem Wasser einweichen.
- Von der kalten Rindsuppe das Fett abheben und die entfettete Suppe aufkochen lassen. Gemüse zugeben und weich kochen. Wieder abseihen und abtropfen lassen.
- Die ausgedrückte Gelatine in der heißen Suppe auflösen.
- Schalotten feinwürfelig schneiden und mit den Tafelspitzwürfeln und dem Thymian in einer Pfanne in heißem Olivenöl anschwitzen. Abgetropftes Gemüse zugeben und durchmischen.
- Senf in die Suppe rühren und mit einem Schuss Essig abschmecken.
- Kleine Portionsförmchen mit der Suppe zur Hälfte ausgießen, kurz kalt stellen, bis sie leicht zu stocken beginnt. Dann Gemüse und Fleisch einfüllen und mit der restlichen Suppe aufgießen. Gute 4 Stunden kalt stellen.
- Inzwischen für die Garnitur die Rübe in sehr dünne Scheiben schneiden. In einer Pfanne in etwas Öl anschwitzen, mit Rahmsafterl aufgießen und bissfest dünsten. Vom Feuer nehmen und mit Olivenöl, einem Schuss Essig, Salz sowie Pfeffer marinieren. Auf Tellern großflächig überlappend anrichten.
- Die Sülzchen auf die marinierten Rüben stürzen.

VORBEREITUNGSZEIT: 20 Minuten, 4 Stunden kühlen
KOCHZEIT: 15 Minuten
GARNITUREMPFEHLUNG: Die Sülzchen schmecken auch auf einer Kernöl-Vinaigrette oder frischem Blattsalat ganz hervorragend.

DER SPEZIELLE TIPP: Besonders fein schmeckt dieses Sülzchen, wenn Sie dafür wirklich Tafelspitz verwenden, doch jedes andere weich gekochte Rindfleisch eignet sich freilich ebenso gut. Aber auch zartes Hühner- oder Schweinefleisch, gewürfelter Beinschinken oder eine kräftig erhöhte Menge an knackig gekochtem Gemüse unterschiedlicher Sorten können in eine saftige Sulz verpackt werden.

Schweinsbratencarpaccio mit Erdäpfel-Kren-Vinaigrette

ZUTATEN

400 g kalter, bereits gebratener Schweinsbraten (siehe dazu auch Tipp)
100 g gekochte (festkochende) Erdäpfel
2 EL Sauerrahm
100 ml Wasser
frisch geriebener Kren nach Belieben
frisch gehackter Schnittlauch
Schuss Essig
Salz, Pfeffer
Olivenöl

Für die Garnitur

rote Zwiebelringe, Kürbiskernöl, geröstete Kürbiskerne und/oder geröstete Muskatkürbiswürfel

ZUBEREITUNG

- Für die Vinaigrette die gekochten Erdäpfel in sehr kleine Würfel schneiden.
- Die Hälfte der Erdäpfel mit Salz, Pfeffer, Wasser sowie einem Schuss Essig fein aufmixen. Sauerrahm einrühren und mit frisch geriebenem Kren nach Belieben abschmecken.
- Die restlichen Erdäpfelwürferl untermischen und mit Olivenöl sowie frischem Schnittlauch abschmecken.
- Schweinsbraten dünn aufschneiden, auf Tellern überlappend auflegen und die Vinaigrette darauf verteilen. Nach Belieben noch mit roten Zwiebelringen, Kürbiskernöl, gerösteten Kürbiskernen und/oder gerösteten Muskatkürbiswürfeln garnieren.

VORBEREITUNGSZEIT: 10–15 Minuten

DER SPEZIELLE TIPP: Am saftigsten und besten schmeckt der kalt aufgeschnittene Schweinsbraten, wenn er 6–7 Stunden lang bei Niedertemperatur auf eine Kerntemperatur von 58 °C hin gebraten wurde. So bleibt das Fett, das ja bekanntlich Geschmacksträger ist, am besten erhalten. Gekochte Erdäpfel lassen sich übrigens besser schneiden, ohne dass die Scheiben aneinander kleben bleiben, wenn man sie nach dem Kochen in Eiswasser legt.

Marinierter Kalbsrücken

ZUTATEN

400–500 g Kalbsrücken (oder Kalbsnuss)
frischer Thymian und Rosmarin
Prise getrocknete Chilischote
Meersalz, Pfeffer aus der Mühle
Olivenöl

Für die Marinade

2 Schalotten
100 g eingeweichte Rosinen
2 EL gehackte Kapern
abgeriebene Zitronenschale
Thymian, Salz
Olivenöl

ZUBEREITUNG

- Den zugeputzten Kalbsrücken mit Meersalz, geschrotetem Pfeffer, zerstoßener Chilischote, frisch gehacktem Thymian sowie Rosmarin und Olivenöl gut einreiben und in Klarsichtfolie eingeschlagen etwa 4 Stunden ziehen lassen.
- Dann in der Klarsichtfolie etwa 4 Stunden in leicht wallendem Wasser (bei 60 °C) pochieren (ziehen lassen). (Oder im Dampfgarer in der Folie bei 68–70 °C ebenfalls 4 Stunden garen oder im Backrohr in Alufolie eingeschlagen bei 80 °C Heißluft ca. 2,5–3 Stunden garen.)
- Inzwischen für die Marinade die Schalotten feinwürfelig schneiden, mit Rosinen, Kapern, Zitronenschale, frisch gehacktem Thymian sowie etwas Olivenöl verrühren. Abschmecken.
- Dann das Fleisch auspacken, lauwarm überkühlen lassen und in 4 mm dicke Scheiben schneiden. Auf Tellern auflegen und mit der vorbereiteten Marinade beträufeln.
- Mit frischem Olivenöl beträufeln und mit frisch gemahlenem Meersalz bestreuen.

VORBEREITUNGSZEIT: 4 Stunden ziehen lassen, dann 30 Minuten
GARZEIT: ca. 4 Stunden
BACKROHRTEMPERATUR: 60 °C
GARNITUREMPFEHLUNG: Mayonnaise mit Paradeisern oder Thunfisch

DER SPEZIELLE TIPP: Die stundenlange Niedertemperatur-Garung garantiert zwar, dass das Fleisch perfekt zart und mürb gegart wird, aber auch konventionell, bei höherer Temperatur bedeutend kürzer gebratener Kalbsrücken schmeckt fein, wenn er nach dem Auskühlen mit der Marinade überzogen wird.

Lauwarm marinierter Kalbskopf mit Wiesenkräutersalat

ZUTATEN

1 küchenfertiger Kalbskopf (vom Metzger halbiert)
1 Kalbszunge
3 Karotten
3 Zwiebeln
½ Sellerie
1 Stange Lauch
½ Bund Petersilie
2 Lorbeerblätter
10 Pfefferkörner
125 ml Essig
Zitronensaft und Olivenöl zum Marinieren
Salz, Pfeffer

Für die Garnitur

mit Balsamicoessig und Öl marinierter Wiesenkräutersalat
Jungzwiebeln
Paprikastreifen
Brotcroûtons

ZUBEREITUNG

- Gemüse schälen und grobwürfelig schneiden. Die Kalbskopfhälften sorgfältig waschen, abtropfen lassen und mit Zunge, Gemüse, Gewürzen sowie Essig in einem großen Topf aufstellen. Mit kaltem Wasser bedecken, aufkochen lassen, Schaum abschöpfen und ca. 3 Stunden auf kleiner Flamme weich kochen.
- Weich gekochten Kalbskopf herausnehmen, Sehnen und Haut entfernen, die Schwarte lassen und Fleisch in daumengroße Stücke schneiden. Zunge schälen und ebenfalls schneiden. Alles mit Salz, Pfeffer, etwas Zitronensaft sowie Olivenöl pikant würzen und gut durchmischen.
- Eine Terrine mit ca. 1 Liter Inhalt mit Klarsichtfolie auslegen, Fleisch einfüllen, mit Folie abdecken, gut festdrücken und im Kühlschrank einige Stunden gut durchkühlen lassen.
- Backrohr auf maximale Oberhitze vorheizen.
- Kalbskopf aus der Form stürzen, Folie entfernen und mit der Aufschnittmaschine in 3–4 mm dünne Scheiben schneiden. Diese dachziegelförmig auf feuerfesten (!) Tellern anrichten. Im vorgeheizten Backrohr bei maximaler Oberhitze oder unter der Grillschlange so lange überbacken, bis der Kalbskopf gerade leicht schmilzt.
- Wieder herausnehmen, mit Salz und Pfeffer aus der Mühle würzen. Wiesenkräutersalat daraufsetzen, mit Jungzwiebel- und Paprikastreifen sowie knusprigen Brotcroûtons garnieren.

VORBEREITUNGSZEIT: ca. 8 Stunden inkl. Kühlen
KOCHZEIT: 10 Minuten
BACKROHRTEMPERATUR: maximale Oberhitze oder Grillschlange
VERWENDUNG: Die etwas aufwendige Zubereitung von Kalbskopf lohnt sich in jedem Fall, da sich Kalbskopf bestens tiefkühlen lässt. Er verliert dadurch nichts an Geschmack und ist – richtig portioniert – jederzeit griffbereit, sei es gebacken, geschmolzen oder als g'schmackige Garnitur von attraktiven Zwischengerichten.

DER SPEZIELLE TIPP: Wenn Sie das Glück haben, einen wirklich vertrauenswürdigen Fleischhauer an der Hand zu haben, so können Sie den Kalbskopf freilich auch fertig kaufen. Dann einfach nur mehr gratinieren und nach Herzenslust garnieren!

Gekochte Kalbszunge mit Haselnuss-Gemüse-Vinaigrette

ZUTATEN

2 Kalbszungen
1 Wurzelgemüse
4 l Wasser
2 Lorbeerblätter
5 Wacholderbeeren
10 Pfefferkörner
Meersalz und Pfeffer aus der Mühle
Weißbrotwürfel und Butter für die Garnitur

Für die Vinaigrette

1 Karotte
1 gelbe Rübe
1 Kohlrabi
100 g Lauch
50 g Haselnüsse
Olivenöl
Salz, Pfeffer
Senf
Zucker
abgeriebene Schale von 1 Zitrone

ZUBEREITUNG

- In einem großen Topf das Wasser aufkochen. Wurzelgemüse sowie Gewürze zugeben. Gewaschene Zungen einlegen und langsam 1 ½ Stunden köcheln lassen, bis sich die Haut leicht abziehen lässt.
- Zungen herausnehmen und noch heiß schälen. Etwas Kochsud in einen Topf abseihen und die Zungen darin erkalten lassen.
- Inzwischen für die Vinaigrette das Gemüse feinwürfelig schneiden und in etwas Olivenöl kurz anschwitzen. Mit Salz, Pfeffer, einer Prise Zucker, einer Messerspitze Senf und Zitronenschale abschmecken. Vom Feuer nehmen.
- Die ganzen Haselnüsse in einer Pfanne ohne Fett rösten, fein hacken und zugeben. Mit Olivenöl schön sämig rühren.
- Die erkalteten Zungen der Länge nach mit der Maschine aufschneiden. Auf einem Teller dekorativ überlappend anrichten. (Dafür wie den Deckel einer Sardinendose, die man öffnet, leicht einrollen.)
- Mit der Vinaigrette beträufeln, mit frisch geschrotetem Pfeffer und Meersalz würzen.
- Weißbrotwürfel in Butter knusprig rösten und die Zunge damit garnieren.

VORBEREITUNGSZEIT: Gemüse 15 Minuten
GARZEIT: Zunge ca. 1 ½ Stunden

DER SPEZIELLE TIPP: Wenn Sie gleich eine größere Menge an Zungen kochen, so können diese im Sud aufbewahrt und am nächsten Tag etwa auch paniert und in Butterschmalz goldgelb herausgebacken werden. Servieren Sie dazu Erdäpfelsalat mit Vogerlsalat und selbst gemachte Sauce Tartare!

Knusprig gebratener Blunzenstrudel mit Früchtekraut

ZUTATEN

- **Strudelteig (s. S. 400)**
- **500 g Blunze (Blutwurst)**
- **50 g Selchspeckwürfel**
- **2 Schalotten**
- **1 EL Kren**
- **1 EL Schmalz**
- **Majoran**
- **Salz, Pfeffer**
- **Schmalz zum Braten**
- **Öl und Dotter zum Bestreichen**

Für das Früchtekraut

- **1 kleiner Kopf Weißkraut**
- **50 g Rosinen**
- **50 g gehackte Dörrmarillen**
- **50 g gehackte Dörrzwetschken**
- **¼ l Primus Carnuntum (oder anderer guter Weißwein, etwa Grüner Veltliner)**
  100 ml Rote-Rüben-Saft
- **Salz, Pfeffer**
- **Weinessig**
- **Zucker**

ZUBEREITUNG

- Zuerst den Strudelteig wie beschrieben zubereiten und bei Zimmertemperatur ca. 20 Minuten rasten lassen.
- Inzwischen Blunze schälen und in gleichmäßige Stücke schneiden. Schalotten fein hacken und in heißem Schmalz anschwitzen. Selchspeckwürfel zugeben, kurz anrösten, Blunzenstücke untermengen und alles zusammen kurz durchrösten. Mit Majoran, Salz sowie Pfeffer abschmecken. Kren untermengen und die Masse zur Seite stellen.
- Backrohr auf 180 °C vorheizen.
- Nun den Strudelteig auf einem bemehlten Tuch ausrollen und mit den Handrücken dünn ausziehen.
- Blunzenmasse im unteren Drittel auftragen, Strudel zusammenrollen und mit Eidotter bestreichen. Behutsam auf ein mit Backpapier ausgelegtes Backblech legen und im Rohr ca. 15 Minuten goldgelb backen. Auskühlen lassen.
- Währenddessen vom Kraut die äußeren Blätter entfernen und das Kraut mit Hilfe der Brotmaschine in ganz feine Streifen schneiden. Leicht einsalzen, mit Rote-Rüben-Saft übergießen, salzen und pfeffern. Mit Weinessig sowie Zucker abschmecken und 10 Minuten ziehen lassen.
- Inzwischen Weißwein mit den klein geschnittenen Dörrfrüchten sowie Rosinen aufkochen und wieder beiseite stellen.
- Dann Kraut abseihen und mit der Weißwein-Früchte-Mischung gut vermengen. Eventuell nochmals abschmecken. Das Kraut sollte angenehm süßsauer schmecken.
- Ausgekühlten Blunzenstrudel in 2 cm dicke Scheiben schneiden und in heißem Schmalz scharf knusprig anbraten. Kraut auf Tellern anrichten, die knusprigen Blunzenscheiben daraufsetzen und auftragen.

VORBEREITUNGSZEIT: 45–60 Minuten
KOCHZEIT: ca. 15 Minuten im Rohr, einige Minuten in der Pfanne
BACKROHRTEMPERATUR: 180 °C
BEILAGENEMPFEHLUNG: frischer Sauerrahm, mit etwas Honig vermischt

DER SPEZIELLE TIPP: Sollte der Strudel „aus der Form" geraten, sprich: platzen, dann noch warm mit Hilfe einer Alufolie in Form bringen und erst dann auskühlen lassen.

Roastbeef mit gebackenem Ei

ZUTATEN

12 Scheiben Roastbeef
12 Kapern
1 Paradeiser
1 kleiner Bund Schnittlauch
etwas gemischter Blattsalat
4 Eier
Mehl, verschlagenes Ei und Brösel zum Panieren
Salz, Pfeffer
Öl zum Herausbacken

Für die Senfsauce

2 Eidotter
1 TL Senf
1 TL Honig
1/16 l (= ca. 60 ml) Öl
2 EL Sauerrahm
Salz, Pfeffer

ZUBEREITUNG

- Für die Senfsauce Eidotter mit Salz, Pfeffer sowie Honig in einer Schüssel aufschlagen. Öl langsam einlaufen lassen, bis die Sauce bindet und sämig wird. Mit Senf abschmecken und mit Sauerrahm glatt rühren.
- Jeweils 3 Roastbeef-Scheiben der Länge nach überlappend auflegen, salzen, pfeffern, mit Senfsauce bestreichen und mit Salatblättern belegen.
- Eier in kochendes Essigwasser einlegen, 5 ½ Minuten kochen, kalt abschrecken und vorsichtig schälen. In Mehl, Ei sowie Bröseln panieren und in ca. 180 °C heißem Öl rasch frittieren.
- Je ein gebackenes Ei auf das Roastbeef legen, behutsam einwickeln und aufrecht auf einen Teller setzen. Paradeiser vierteln, Kerne entfernen, mit je drei Kapern garnieren und mit Schnittlauch dekorieren. Mit der restlichen Senfsauce garnieren.

VORBEREITUNGSZEIT: 15 Minuten
KOCHZEIT: 10 Minuten
BEILAGENEMPFEHLUNG: knuspriges Gebäck

Beef Tatar

ZUTATEN

600–700 g Rindslungenbraten (vom Spitz oder Kopf)
2 Essiggurkerl
1 EL Kapern
1 Chilischote nach Belieben
100 g Petersilie
100 ml Olivenöl
Msp. Senf
Schuss Cognac
Salz, Pfeffer

Für die Garnitur nach Belieben

rote Zwiebelringe, gekochte Eier, knuspriger Buttertoast oder Briochescheiben

ZUBEREITUNG

- Den Rindslungenbraten sehr gut zuputzen, dabei Flachsen und Sehnen entfernen. Fleisch in dünne Scheiben schneiden und dann sehr fein hacken.
- Essiggurkerl, Kapern sowie Petersilie ebenfalls fein hacken. Chilischote entkernen und fein schneiden. Nun alles mit dem Fleisch vermengen und mit Öl, Senf, Cognac, Salz sowie Pfeffer abschmecken.
- Aus der Masse kleine Laibchen formen und auf kühlen Tellern anrichten. Nach Lust und Laune mit roten Zwiebelringen, gekochten Eiern, knusprigem Buttertoast oder getoasteten Briochescheiben garnieren.

VORBEREITUNGSZEIT: 20 Minuten
BEILAGENEMPFEHLUNG: Toast und Butter

DER SPEZIELLE TIPP: Während man früher nach Alt-Wiener Art auch gerne rohe Zwiebeln, rohe Eidotter, Sardellenfilet und Paprikapulver unter die Masse mischte, so wird Beef Tatar in der modernen Gastronomie mitunter auch außen rundum scharf angebraten und auf Schwarzbrot serviert. Besonders luxuriös schmeckt das Tatar freilich, wenn die Masse mit Gänseleber oder Avocado verfeinert wird.

Wiener Suppenküche

Rindsknochensuppe

ZUTATEN

1 kg Rindsknochen oder Rindermarkknochen

1 Bund Suppengemüse, dabei bei Belieben Staudensellerie statt Knolle verwenden

1 Zwiebel

Pfefferkörner

Lorbeerblatt

Salz

Schnittlauch zum Garnieren

ZUBEREITUNG

- Die Zwiebel halbieren und in einer Pfanne ohne Fett in der Schale dunkel rösten. Knochen waschen, in reichlich kaltem Wasser aufstellen und aufkochen lassen.
- Den aufsteigenden Schaum abschöpfen oder das Wasser nach dem ersten Aufkochen wechseln und neu aufstellen.
- Nun Lorbeerblatt, Pfefferkörner, Suppengemüse sowie Zwiebel zugeben und 3–4 Stunden ständig unter dem Siedepunkt leicht wallend köcheln lassen.
- Durch ein Etamin oder Küchentuch abseihen. Mit Salz abschmecken. In heißen Tellern anrichten und mit frisch geschnittenem Schnittlauch garnieren.

VORBEREITUNGSZEIT: 5 Minuten
KOCHZEIT: 3–4 Stunden
DER SPEZIELLE TIPP: Wenn Sie Rindermarkknochen auskochen, so werfen Sie das Mark nicht weg! Kratzen Sie das weiche Mark heraus, streichen Sie es auf getoastetes Schwarzbrot und würzen Sie das Ganze mit Salz sowie Pfeffer. Ein wunderbarer kleiner Happen zwischendurch!

Rindsuppe (Bouillon)

ZUTATEN

ca. 2 kg Rindfleisch (Schulterscherzerl, Beinfleisch, Mageres Meisel etc.)

Rindsknochen nach Belieben

1 Bund Suppengemüse mit wenig Sellerie

1 Zwiebel

Pfefferkörner

Lorbeerblatt

Salz

Schnittlauch zum Garnieren

ZUBEREITUNG

- Die Zwiebel halbieren und in einer Pfanne ohne Fett in der Schale dunkel rösten. Knochen waschen, in reichlich kaltem Wasser aufstellen und aufkochen lassen. Dabei den aufsteigenden Schaum abschöpfen.
- Nun das Fleisch, Lorbeerblatt, Pfefferkörner, Suppengemüse sowie die Zwiebel in die kochende Suppe geben und das Fleisch 2 ½–3 Stunden knapp unter dem Siedepunkt leicht wallend weich garen. Währenddessen das Fleisch nicht anstechen, damit kein Blut austritt.
- Fertige Suppe abseihen, mit Schnittlauch garniert auftragen. Das weich gekochte Fleisch nach Belieben kleinwürfelig schneiden und etwas davon in der Suppe servieren oder anderweitig verwenden.

VORBEREITUNGSZEIT: 5 Minuten
KOCHZEIT: 2 ½–3 Stunden
DER SPEZIELLE TIPP: Lassen Sie die Suppe während des Kochens niemals richtig sprudelnd kochen und salzen Sie erst am Schluss! Andernfalls wird die Suppe trüb und das Fleisch unansehnlich.

Kraftsuppe (Consommé double)

ZUTATEN FÜR 6 PORTIONEN

- **1,5 l kalte Rindsuppe**
- **200 g Rindfleisch von der Schulter**
- **Wurzelgemüse**
- **3–4 Eiklar**
- **10–15 Eiswürfel**
- **Schuss Sherry oder Madeira**

ZUBEREITUNG

- Das Rindfleisch faschieren oder fein hacken. Wurzelgemüse ebenfalls faschieren oder fein hacken. Alles mit Eiklar vermischen, Eiswürfel untermengen und die Masse 15 Minuten lang kalt stellen.
- Nun die Klärfleischmasse unter die kalte Suppe mengen, aufstellen und ganz langsam 10–15 Minuten aufkochen lassen. Währenddessen gut umrühren, damit sich das Eiweiß nicht anlegt. Sobald die Suppe warm geworden ist, schwimmt das Klärfleisch obenauf, klärt die Suppe und verleiht ihr den typischen kräftigen Geschmack.
- Fleisch abschöpfen, Suppe durch ein Etamin oder Passiertuch passieren und in einem Topf nach Wunsch noch auf die gewünschte geschmackliche Intensität einkochen lassen (oder so weiterverwenden).
- Mit einem Schuss Sherry oder Madeira abschmecken.

VORBEREITUNGSZEIT: 30 Minuten
KOCHZEIT: 15–45 Minuten

Grießnockerlsuppe

ZUTATEN

- **1 l kräftige Rindsuppe (Consommé double oder Bouillon)**
- **Butter**
- **Schnittlauch zum Garnieren**

Für den Grießnockerlteig

- **2 Eier**
- **100 g Butter**
- **200 g Grieß**
- **Muskatnuss**
- **Salz**

ZUBEREITUNG

- Für den Grießnockerlteig die Butter schaumig schlagen. Eier versprudeln und nach und nach einrühren. Mit Salz sowie Muskatnuss würzen und abschließend den Grieß einrühren. Gut durchmischen und 10–15 Minuten kalt ziehen lassen.
- In einem Topf reichlich Salzwasser mit etwas Butter aufkochen.
- Aus der Masse mit Hilfe von 2 Esslöffeln kleine Nockerl stechen und in das kochende Wasser einlegen. Vorsichtig mit einem Kochlöffel umrühren, damit sich die Nockerl nicht am Boden festsetzen.
- Einmal aufkochen lassen und sofort eine Klarsichtfolie über den Topf ziehen. (Dadurch bleibt der Dampf zur Gänze erhalten und die Nockerl gehen schöner auf.)
- Auf kleiner Hitze 10–15 Minuten ziehen lassen.
- Rindsuppe währenddessen erhitzen.
- In vorgewärmten Tellern mit der heißen Suppe anrichten und mit gehacktem Schnittlauch bestreuen.

VORBEREITUNGSZEIT: 20 Minuten
KOCHZEIT: 15–20 Minuten

Secessionsnockerlsuppe
(Dreierlei Grießnockerlsuppe)

ZUTATEN

1 l kräftige Rindsuppe (Consommé double oder Bouillon)
2 Eier
100 g Butter
200 g Grieß
1 TL Paradeisermark
1 TL passierter Spinat
Muskatnuss
Salz
Butter
Schnittlauch zum Garnieren

ZUBEREITUNG

- Butter schaumig schlagen. Eier versprudeln und nach und nach einrühren. Mit Salz sowie Muskatnuss würzen und abschließend den Grieß einrühren. Gut durchmischen und die Masse in drei Teile teilen.
- Ein Drittel so lassen, wie es ist, das zweite Drittel mit Paradeisermark vermengen, das letzte Drittel mit Spinat verrühren. Die drei Massen getrennt mit Klarsichtfolie abdecken und kühl 10–15 Minuten ziehen lassen.
- In einem Topf reichlich Salzwasser mit etwas Butter aufkochen und aus den drei Massen mit zwei Löffeln kleine Nockerl ausstechen. Alle Nockerl ins kochende Wasser einlegen (die Nockerl müssen nicht getrennt gekocht werden), sanft umrühren und einmal aufkochen lassen. Eine Klarsichtfolie über den Topf ziehen und die Nockerl auf kleiner Hitze 10–15 Minuten ziehen lassen.
- Rindsuppe währenddessen erhitzen. In vorgewärmten Tellern anrichten und je ein Nockerl einlegen. Mit gehacktem Schnittlauch bestreuen.

VORBEREITUNGSZEIT: 20 Minuten
KOCHZEIT: 15–20 Minuten

Klimt in der Suppe

Was Künstler wie Gustav Klimt, Koloman Moser oder Josef Hoffmann für das Wiener Kunstleben gegen Ende des 19. Jahrhunderts bedeuteten, beweisen die notorisch überlaufenen Ausstellungen in den einschlägigen Museen. Welchen Einfluss sie allerdings auch auf die Wiener Küche hatten, ist nicht so bekannt. Dabei verdanken wir der Abspaltung dieser aufmüpfigen Künstler vom traditionell-konservativen Kunstbetrieb im Wiener Künstlerhaus eine echte Wiener Suppenspezialität. Die Gründung ihrer „Secession", die im gleichnamigen Ausstellungsgebäude am Naschmarkt auch architektonischen Niederschlag fand, feierte man in Wien ab dem Jahr 1897 mit den „Secessionsnockerln". Einer flaumigen Suppeneinlage, die sich konsequenterweise aus der farblich deutlich erkennbaren „Abspaltung" des Ur-Grießnockerls ergibt: Spinat für die grünen, Paradeiser für die roten Nockerl.

Panadelsuppe

ZUTATEN

- **1–1,5 l heiße Rindsuppe**
- **2–3 Semmeln (je nach gewünschter Sämigkeit)**
- **2 Eidotter**
- **1 Ei**
- **Schuss Schlagobers**
- **Muskatnuss**
- **Salz, Pfeffer**
- **Schnittlauch zum Bestreuen**

ZUBEREITUNG

- Die Semmeln entrinden und in Scheiben schneiden.
- Suppe aufkochen und die Semmelscheiben zugeben. Gut durchkochen lassen und dabei mit einem Schneebesen gut durchrühren.
- Mit einer Prise Muskatnuss, Salz und Pfeffer würzen.
- Eidotter und Eier miteinander verschlagen.
- Hitze reduzieren und die Eier mit einem kräftigen Schuss Schlagobers unter die nicht mehr kochende Suppe rühren.
- In vorgewärmten Tellern anrichten und mit gehacktem Schnittlauch bestreuen.

VORBEREITUNGSZEIT: 5 Minuten
KOCHZEIT: ca. 10 Minuten

Grießsuppe

ZUTATEN FÜR 3–4 PORTIONEN

- **1 l heiße Rindsuppe**
- **ca. 100 g Grieß (je nach gewünschter Sämigkeit)**
- **1–2 Eidotter**
- **100–150 ml Schlagobers**
- **2 EL Butter zum Anrösten**
- **Muskatnuss nach Wunsch**
- **Salz, Pfeffer**

ZUBEREITUNG

- In einem Topf die Butter schmelzen und den Grieß einrieseln lassen. Unter wiederholtem Umrühren kräftig durchrösten.
- Nun die heiße Suppe nach und nach zugießen und dabei ständig weiterrühren, am besten mit einem Schneebesen.
- Mit Salz, Pfeffer und nach Wunsch auch mit Muskatnuss abschmecken. Gut einkochen lassen.
- Ist die Suppe schön sämig, die Hitze reduzieren.
- Eidotter mit Obers gut verrühren und in die Suppe einrühren, die aber dann nicht mehr kochen darf.
- In heißen Tellern anrichten.

KOCHZEIT: ca. 10 Minuten

DER SPEZIELLE TIPP: Oft gehen Grieß und Geselchtes Hand in Hand. Wenn Sie also zufällig Kochsud von Geselchtem zur Hand haben, so gießen Sie statt mit Suppe mit dem Sud auf. In diesem Fall würden dann auch noch kleine Würfel von gekochtem Selchfleisch und Suppengemüse herrlich als Einlage in die Suppe passen!

Panadel ganz ohne Spompanadeln

Brotsuppen, und nichts anderes verbirgt sich hinter dem seltsam anmutenden Wörtchen Panadel, zählen zu den ältesten Gerichten der Menschheit und finden sich überall dort, wo gerne gutes Brot gegessen wird. Da Letzteres allerdings mit fortschreitendem Alter immer trockener, härter und schlussendlich ungenießbar wird, liegt die Idee nahe, Brotreste durch Flüssigkeitszugabe wieder aufzuweichen. Und genau das tun die Spanier mit ihrer Sopa de pan, die Italiener mit ihrem Pancotto und die Wiener mit ihrer Panadelsuppe. Dieses Brotrecycling geht nicht nur äußerst rasch vonstatten, sondern ist auch eine äußerst sparsame, um nicht zu sagen frugale Mahlzeit. Daher galt die in alten Kochbüchern auch als Panade(n)suppe oder schlicht Panatl bezeichnete Suppe als willkommenes Fastengericht. Da wurde dann aber gleich vorsichtshalber auch noch die Rindsuppe eingespart und durch klares Wasser ersetzt. Panadel ganz ohne Spompanadeln!

Eintropfsuppe

ZUTATEN FÜR 3–4 PORTIONEN

1 l heiße Rindsuppe
2 Eier
ca. 150 g Mehl
ca. 200 ml Milch
Öl nach Belieben
Muskatnuss
Salz, Pfeffer
gehackter Schnittlauch zum Bestreuen

ZUBEREITUNG

- Mehl in eine Schüssel geben. Milch zugießen und die Eier einschlagen. Nach Belieben noch einen Schuss Öl zugießen.
- Mit Salz, Pfeffer sowie einer Prise Muskatnuss würzen und alles gut durchrühren.
- In einem Topf Salzwasser aufkochen. Parallel dazu die Rindsuppe erhitzen (s. Tipp).
- Nun den Teig durch die glatte Seite eines Reibeisens in das kochende Wasser drücken. Einmal kurz aufkochen lassen und mit einem Schaumlöffel wieder herausheben.
- Währenddessen die heiße Suppe in vorgewärmten Tellern oder Tassen anrichten, die abgeseihten Eintropfnockerl zugeben und nach Belieben mit Schnittlauch bestreuen.

VORBEREITUNGSZEIT: 10 Minuten
KOCHZEIT: 2 Minuten

DER SPEZIELLE TIPP: Wenn Sie keinen Anstoß daran nehmen, dass sich durch das Einkochen der Eintropfnockerl möglicherweise Ihre Rindsuppe etwas trübt, können Sie die Nockerl auch gleich direkt in die kochende Suppe hineindrücken.

Frittatensuppe

ZUTATEN

1 l heiße Rindsuppe
125 ml Milch
1–2 Eier
ca. 100 g Mehl
Salz, Pfeffer
Butter oder Butterschmalz zum Herausbacken
Schnittlauch oder Petersilie zum Bestreuen

ZUBEREITUNG

- In einer Schüssel die Milch mit den Eiern sowie dem Mehl glatt verrühren. Mit Salz und Pfeffer würzen.
- In einer Pfanne wenig Butterschmalz erhitzen, etwas Teig eingießen, die Pfanne schwenken, damit sich der Teig gut verteilen kann, und bei maßvoller Hitze goldbraun backen. Wenden und die Palatschinke auch auf der zweiten Seite langsam goldbraun backen.
- Herausheben und den restlichen Teig ebenso zu Palatschinken backen. Dabei jeweils etwas frisches Butterschmalz zugeben.
- Nun die noch warmen Palatschinken eng zusammenrollen und in feine Streifen schneiden.
- Die heiße Rindsuppe in vorgewärmten Tellern oder Tassen anrichten, Frittaten einlegen und mit gehacktem Schnittlauch oder Petersilie bestreuen.

VORBEREITUNGSZEIT: 5 Minuten
BACKZEIT: 3–4 Minuten pro Palatschinke

DER SPEZIELLE TIPP: Für Kräuterfrittaten mengen Sie frisch gehackte Kräuter, beispielsweise Schnittlauch, Petersilie oder Liebstöckel, gleich unter den Teig. So schmecken die Frittaten noch pikanter.

Leberknödelsuppe

ZUTATEN

- 1 l Rindsuppe
- 300 g faschierte Leber (von Schwein oder Kalb, evtl. auch Rind)
- 100 g Semmelwürfel
- 1 Ei
- 2 Knoblauchzehen
- 100 g gehackte Petersilie
- Majoran, gerebelt
- Semmelbrösel nach Bedarf
- Salz, Pfeffer
- Öl oder Butter
- Schnittlauch oder Petersilie nach Bedarf

ZUBEREITUNG

- Die Semmelwürfel in wenig oder gar keinem Fett knusprig anrösten. Wieder vom Feuer nehmen. Knoblauch fein hacken.
- In einer Schüssel die gerösteten Semmelwürfel mit der faschierten Leber vermengen und mit dem Ei verrühren. Mit Knoblauch, Petersilie, Majoran, Salz und Pfeffer aromatisieren.
- Nun so viel Semmelbrösel einrühren, dass eine gut formbare Masse entsteht.
- In einem Topf reichlich Salzwasser aufkochen. Ein Probeknöderl formen und im Wasser 10–12 Minuten kochen. Zerfällt es, noch etwas Semmelbrösel zugeben. Aus der Masse je nach Bedarf größere oder kleinere Knöderl formen und kochen. Mit einem Knödelheber herausheben.
- Suppe erhitzen und die Leberknöderl darin servieren.
  Nach Belieben mit gehacktem Schnittlauch oder Petersilie bestreuen.

VORBEREITUNGSZEIT: 15 Minuten
KOCHZEIT: 10–12 Minuten

DER SPEZIELLE TIPP: Gebackene Leberknödel werden in Wien nicht nur als Suppeneinlage, sondern auch als kräftiges Zwischengericht geschätzt. Dafür werden die Leberknödel in Mehl, Ei und Bröseln paniert und dann in heißem Öl frittiert.

Bröselknödelsuppe

ZUTATEN

1 l heiße Rindsuppe

2 ½ Semmeln

50 g Butter

1 Ei

50 g Semmelbrösel

1 EL sehr fein gehackte Petersilie

Muskatnuss

Salz

Milch oder Wasser zum Einweichen

ZUBEREITUNG

- Die Semmeln nach Belieben entrinden und in Wasser oder Milch einweichen.
- Inzwischen die Butter schaumig rühren. Nach und nach das versprudelte Ei einrühren. Mit Salz sowie Muskatnuss würzen.
- Die eingeweichten Semmeln sehr gut ausdrücken, passieren und unter die Masse rühren. Mit so viel Bröseln binden, dass eine gut formbare Masse entsteht. Zum Schluss die gehackte Petersilie einarbeiten.
- Etwa 10–20 Minuten ziehen lassen.
- Dann aus der Masse mit feuchten Händen sehr kleine Knöderl formen.
- In einem Topf reichlich Salzwasser aufkochen, die Knöderl einlegen und ca. 10 Minuten nur sanft wallend ziehen lassen.
- Herausheben, kurz abtropfen lassen und in der heißen Suppe auftragen.

VORBEREITUNGSZEIT: ca. 30 Minuten
KOCHZEIT: ca. 10 Minuten

DER SPEZIELLE TIPP: Bröselknöderl schmecken besonders gut in sämigen Suppen, etwa in einer gebundenen Hendl- oder Ganslsuppe, können aber auch in einer etwas größer geformten Variante zu Ragoutgerichten oder Fleischspeisen mit gebundener Sauce serviert werden. Dafür können die Knödel auch in heißem Fett herausgebacken werden, wodurch sie eine etwas deftigere Note erhalten.

Markknöderlsuppe

ZUTATEN

- 1 l Rindsuppe
- 150 g rohes Knochenmark
- 3 Semmeln
- 2 Eier
- 100 g Mehl
- 50 g gehackte Petersilie
- ca. 50 g Semmelbrösel
- Salz, Muskatnuss
- Schnittlauch oder Petersilie zum Garnieren

ZUBEREITUNG

- Semmeln in Wasser einweichen.
- Die Knochen waschen, das Mark herausdrücken und allfällig daran haftende kleine Knochensplitter entfernen.
- Knochenmark schaumig rühren.
- Die eingeweichten Semmeln ausdrücken, zugeben und ebenfalls schaumig rühren.
- Gehackte Petersilie sowie Salz und Muskatnuss einmengen.
- Eier gemeinsam mit Mehl zugeben und die Masse mit den Semmelbröseln binden. (Die Masse soll gut formbar sein.)
- Aus der Masse mit feuchten Händen kleine Knöderl formen.
- Währenddessen in einem großen Topf Salzwasser aufkochen lassen.
- Knöderl einlegen und leicht wallend 8–10 Minuten ziehen lassen.
- In der heißen Rindsuppe anrichten und mit gehacktem Schnittlauch oder Petersilie bestreuen.

VORBEREITUNGSZEIT: 15 Minuten
KOCHZEIT: 8–10 Minuten

Milzschnittensuppe

ZUTATEN FÜR 10–12 SUPPENPORTIONEN (SIEHE TIPP)

heiße Rindsuppe nach Bedarf
8 Scheiben Toastbrot
200 g geschabte Milz
2 Eidotter
2 EL Semmelbrösel
2 zerdrückte Knoblauchzehen
Salz, Pfeffer
2 Eier
200 ml Milch
Öl
Schnittlauch

ZUBEREITUNG

- Die Milz – so sie noch nicht geschabt ist – mit einem Messer auf einem Schneidbrett schaben. Mit den Dottern, Bröseln, Knoblauch, Salz sowie Pfeffer verrühren.
- Milch mit Eiern und einer Prise Salz versprudeln.
- Milzmasse auf 4 Toastbrotscheiben auftragen, mit je einer Scheibe abdecken und etwas festdrücken.
- In einer Pfanne Öl erhitzen. Milzschnitten durch die Eiermilch ziehen und in heißem Öl bei mäßiger Hitze auf beiden Seiten langsam goldgelb herausbacken.
- Herausheben und auf Küchenkrepp abtropfen lassen. In kleinere Drei- oder Rechtecke schneiden und dabei nach Belieben die Rinde entfernen. Als Einlage in heißer Rindsuppe servieren. Mit gehacktem Schnittlauch bestreuen.

VORBEREITUNGSZEIT: 20 Minuten (bei nicht geschabter Milz zusätzlich 10 Minuten)
GARZEIT: ca. 15–20 Minuten
DER SPEZIELLE TIPP: Milzschnitten schmecken nicht nur in heißer Rindsuppe gut, sondern geben auch einen wunderbaren kleinen Imbiss ab, wenn Sie dazu beispielsweise wohlig-molliges Kohlgemüse reichen. Aber auch ganz solo macht diese Alt-Wiener Spezialität gute Figur.

Lumpen sind sie alle

Nicht jede Suppeneinlage, die als Lungenstrudelsuppe verkauft wird, basiert heute auch wirklich auf faschierter Lunge. Genauso wenig wie in jede Milzschnitte wirklich geschabte Milz gefüllt wird. Früher, als diese Innereien noch bei jedem anständigen Fleischhauer in der Vitrine lagen, wäre es keiner Hausfrau in den Sinn gekommen, die billige Milz durch teureres Faschiertes zu ersetzen. Heute gelten derlei Dinge als Schlachtabfall und finden nur nach Vorbestellung den Weg zum Fleischhauer. Kein Wunder also, dass sich da statt Lunge schon des Öfteren faschiertes Schweine- oder Rindfleisch in diesen Wiener Suppenklassiker schummelt. Was allerdings rein sprachgeschichtlich gesehen durchaus vertretbar ist, denn Lunge kommt von mhd. *Lumbe* und bedeutet ohnehin *Lende,* also Fleisch. Sollten wir da nicht besser gleich die Alt-Wiener Bezeichnung für Lungenstrudel wieder reaktivieren? Lumpenstrudel!

Lungenstrudelsuppe

ZUTATEN FÜR CA. 6 PORTIONEN

- **1,5 l heiße Suppe**
- **Strudelteig (s. S. 400, etwa die halbe Menge, oder fertiger Teig)**
- **250 g Lunge vom Kalb oder Schwein**
- **1 Ei**
- **1 große Zwiebel**
- **1 Lorbeerblatt**
- **Pfefferkörner**
- **1 EL gehackte Petersilie**
- **Semmelbrösel nach Bedarf**
- **Majoran, Kümmel**
- **Salz, Pfeffer**
- **Butter oder Butterschmalz**
- **gehackter Schnittlauch zum Bestreuen**

ZUBEREITUNG

- Die gut gewaschene Lunge in reichlich Salzwasser aufstellen.
- Die Zwiebel halbieren und eine Hälfte gemeinsam mit Lorbeerblatt sowie Pfefferkörnern zugeben, aufkochen lassen und eine gute halbe Stunde weich kochen.
- Abseihen (dabei etwas Sud aufbewahren), Lunge abkühlen lassen und dann faschieren oder sehr fein hacken.
- Die restliche halbe Zwiebel ebenfalls sehr fein hacken und in etwas Butter hell anschwitzen. Petersilie zugeben und kurz mitrösten. Die gehackte Lunge zugeben, kurz durchrösten und mit wenig Lungensud ablöschen. Einkochen lassen und dann das Ei einrühren. Mit Salz, Pfeffer, Kümmel und Majoran abschmecken.
- Bei Bedarf etwas Semmelbrösel einmengen (1–2 EL), damit die Masse nicht zu flüssig wird.
- Strudelteig auf einer bemehlten Arbeitsfläche auflegen, die Masse auf ungefähr zwei Drittel der Fläche auftragen und den Strudel straff einrollen.
- Nun zuerst mit einem Kochlöffel Portionsstücke von etwa 5 cm Länge abdrücken, gut festdrücken und dann mit einem Messer durchschneiden. Die Enden nochmals festdrücken.
- In einem Topf reichlich Salzwasser aufkochen lassen und die Lungenstrudelstücke vorsichtig einlegen. Leicht wallend gute 10 Minuten ziehen lassen.
- Heiße Suppe in vorgewärmte Teller füllen, je einen Strudel einlegen und mit gehacktem Schnittlauch bestreuen.

VORBEREITUNGSZEIT: 1–1 ½ Stunden
GARZEIT: ca. 10 Minuten

Paradeisersuppe mit Basilikumschäumchen und Parmesanchips

ZUTATEN

1,5 kg weiche Paradeiser
1 Knoblauchzehe
50 g Zwiebeln
1 EL Paradeisermark
Salz, Pfeffer
Muskatnuss
5 g Zucker

Für die Parmesanchips

einige sehr dünne Scheiben einer alten Semmel
frischer Parmesan zum Bestreuen

Für das Basilikumschäumchen

100 ml Haltbarmilch
2 TL Basilikumpaste (s. S. 405)

ZUBEREITUNG

- Die Paradeiser gemeinsam mit Zwiebeln, Knoblauch, Paradeisermark sowie Salz, Pfeffer, Muskatnuss und dem Zucker aufkochen lassen. Dann weitere 20 Minuten leicht vor sich hin köcheln lassen.
- Aufmixen, passieren und nochmals abschmecken.
- Inzwischen für die Parmesanchips das Backrohr auf 180 °C Ober- und Unterhitze vorheizen. Die dünn geschnittenen Semmelscheiben mit Parmesan bestreuen und im heißen Rohr knusprig backen.
- Für das Basilikumschäumchen die Haltbarmilch mit der Basilikumpaste aufschäumen, also aufmixen.
- Suppe in dekorative Tassen oder Gläser füllen, das Schäumchen auftragen und mit den Chips garnieren.

VORBEREITUNGSZEIT: 10 Minuten
KOCHZEIT: ca. 25 Minuten
BACKROHRTEMPERATUR: 180 °C Ober- und Unterhitze

Alt-Wiener Paradeisersuppe

ZUTATEN

400 g Paradeiser
1 l Rindsuppe oder Gemüsefond
1 Zwiebel
Knoblauch nach Geschmack
Salz, Pfeffer
Paradeisermark
Zucker
Muskatnuss
Stärkemehl nach Bedarf
4 EL gekochter Reis als Einlage (s. Tipp)
Öl oder Butterschmalz
Sauerrahm zum Garnieren

ZUBEREITUNG

- Paradeiser waschen und vierteln.
- Zwiebel fein hacken und in etwas Öl oder Butterschmalz hell anschwitzen. Knoblauch kurz mitanschwitzen, dann Paradeiser zugeben und ebenfalls andünsten.
- Paradeisermark einrühren, mit Suppe oder Fond aufgießen und mit Salz, Pfeffer, Muskatnuss und nicht zu wenig Zucker würzen. Etwa 20 Minuten vor sich hin köcheln lassen.
- Aufmixen, passieren und bei Bedarf noch mit etwas kalt angerührtem Stärkemehl binden. Gekochten Reis einrühren und heiß werden lassen.
- In Tellern anrichten und vor dem Servieren mit je einem Tupfer Sauerrahm garnieren.

VORBEREITUNGSZEIT: 5 Minuten
KOCHZEIT: 25–30 Minuten
DER SPEZIELLE TIPP: Statt gekochtem Reis können Sie als Einlage für diese klassische Paradeisersuppe auch klein geformte Topfennockerl oder knusprig getoastete Weißbrotscheiben verwenden.

Selleriesuppe

ZUTATEN

1 (mittlere) Sellerieknolle
1 Zwiebel
1 l Gemüse- oder Hühnerfond (oder klare Suppe)
1 Zweiglein Liebstöckel
Salz, Pfeffer
Muskatnuss
2 EL Crème fraîche oder 100 ml Schlagobers
Öl
Selleriegrün zum Garnieren

ZUBEREITUNG

- Sellerie und Zwiebel würfelig schneiden und gemeinsam mit dem Liebstöckelzweiglein in heißem Öl hell (nicht zu dunkel!) anschwitzen.
- Mit Salz, Pfeffer sowie Muskatnuss würzen. Mit Fond aufgießen und 30 Minuten köcheln lassen.
- Dann Liebstöckel entfernen. Suppe aufmixen, mit Crème fraîche abschmecken und in heiß ausgespülten Gläsern oder Tassen anrichten. Mit fein gehacktem Selleriegrün garnieren.

VORBEREITUNGSZEIT: 10 Minuten
KOCHZEIT: ca. 40 Minuten
DER SPEZIELLE TIPP: Für ein dekoratives Schaumhäubchen auf der Suppe kochen Sie einfach 100 ml Haltbarmilch kurz auf, lassen sie etwas überkühlen und mixen die Milch mit dem Stabmixer auf. In diesem Fall noch mit Selleriesalz würzen und die Suppe damit garnieren.

Topinambursüppchen mit Gelbwurz

ZUTATEN

- **250 g Topinambur**
- **2 Schalotten**
- **1 l Gemüsefond oder -suppe**
- **1 TL Gelbwurz (ersatzweise Curry)**
- **Salz, Pfeffer**
- **1 EL Honig**
- **1 Spritzer Essig**
- **4 EL Crème fraîche**
- **Öl**

ZUBEREITUNG

- Topinambur schälen, waschen und blättrig schneiden.
- Schalotten fein hacken und in etwas Öl anschwitzen. Topinambur zugeben und leicht hellbraun anschwitzen.
- Mit Gemüsefond aufgießen, Gewürze, Essig sowie Honig untermengen und zugedeckt 20 Minuten köcheln lassen.
- Fein aufmixen, nochmals abschmecken und mit Crème fraîche vollenden.

VORBEREITUNGSZEIT: 10 Minuten
KOCHZEIT: 30 Minuten
DER SPEZIELLE TIPP: Wenn Sie Gäste mit diesem Süppchen bewirten, so erwärmen Sie etwas Haltbarmilch lippenwarm und schäumen diese auf. Garnieren Sie damit das Süppchen und krönen Sie all das mit frisch herausgebackenen Chips von dünnen Topinamburscheiben. Ein gleichermaßen optisch eindrucksvoller wie g'schmackiger Genuss! *Foto links*

Schwammerlsuppe

ZUTATEN

- **250 g Schwammerl (oder eine Handvoll getrockneter und in Suppe geweichter Pilze)**
- **1 l Rind- oder Gemüsesuppe**
- **1 EL fein gehackte Petersilie**
- **2 EL Butter**
- **2 EL Mehl**
- **Salz, Pfeffer**

ZUBEREITUNG

- Geputzte Schwammerl blättrig schneiden.
- Petersilie in 1 (!) Esslöffel Butter anrösten, Schwammerl zugeben und mit der Hälfte der Suppe aufgießen. Weich kochen.
- In einer geeigneten Kasserolle restliche Butter schmelzen, Mehl zugeben und unter ständigem Rühren eine Einbrenn zubereiten.
- Mit der restlichen Suppe aufgießen, leicht sämig einkochen lassen und zu den weich gekochten Schwammerln gießen. Alles noch einmal aufkochen lassen.
- Mit Salz sowie Pfeffer abschmecken und heiß servieren.

VORBEREITUNGSZEIT: 5 Minuten
KOCHZEIT: 15–20 Minuten
DER SPEZIELLE TIP: Schwammerlsuppe wird häufig auch mit Sauerrahm oder Schlagobers, die man zuvor mit etwas Mehl versprudelt hat, mollig gebunden. Etwas Zitronensaft unterstreicht die leichte Säure des Rahms.

Alt-Wiener Erdäpfelsuppe mit Schwammerln

ZUTATEN

- 300 g Erdäpfel
- 1 l Rindsuppe oder Wasser
- 100 g Speck
- 100 g getrocknete Steinpilze (s. Tipp)
- 2 EL Sauerrahm
- 2 EL Mehl
- 1 gepresste Knoblauchzehe
- 2 Lorbeerblätter
- 1 Zwiebel
- Essig
- frischer Majoran
- Kümmelpulver
- Salz, Pfeffer
- 2 EL Schmalz

ZUBEREITUNG

- Getrocknete Schwammerl einweichen. Erdäpfel schälen und in etwa 1–2 cm große Würfel schneiden
- Zwiebel sowie Speck in Würfel schneiden und beides in Schmalz hell anrösten. Mit Mehl stauben, mit einem Spritzer Essig ablöschen und die Rindsuppe zugießen. Aufkochen lassen.
- Dann mit Knoblauch, Lorbeerblatt, Salz, Pfeffer, Kümmel sowie Majoran würzen und die eingeweichten Schwammerl zugeben.
- Erdäpfel einrühren und leicht wallend ca. 30 Minuten langsam weich kochen. Währenddessen bei Bedarf noch etwas Suppe oder Wasser zugießen. Die Suppe sollte am Ende schön cremig eingekocht sein.
- Mit Sauerrahm abschmecken und in vorgewärmten Tellern anrichten.

VORBEREITUNGSZEIT: 20 Minuten
KOCHZEIT: 40 Minuten
DER SPEZIELLE TIPP: Die Erdäpfelsuppe kann freilich auch mit frischen Pilzen zubereitet werden, doch der Geschmack gerät dabei nicht so intensiv wie bei getrockneten Schwammerln. Je nach Geschmack können Sie in der Suppe auch eine geschmacksgebende Speckschwarte oder aber auch Karotten- oder Wurzelgemüsewürfel mitkochen. *Foto rechts*

Knoblauchsuppe

ZUTATEN

- 2 Zwiebeln
- 30 Knoblauchzehen
- 100 g Mehl
- 100 g Butter
- 1 l Gemüsefond oder -suppe
- 2 Lorbeerblätter
- Salz, Pfeffer
- Spritzer Essig
- etwas Sauerrahm und Mehl nach Bedarf
- geröstete Brotcroûtons und geschlagenes Obers zum Garnieren

ZUBEREITUNG

- Die Zwiebeln grob schneiden, den Knoblauch fein hacken.
- In einem Topf die Butter schmelzen, Zwiebeln mit Knoblauch zugeben und hell anschwitzen.
- Mit Mehl stauben, durchrösten und mit einem Spritzer Essig ablöschen. Mit Gemüsefond oder -suppe aufgießen. Salzen, pfeffern, die Lorbeerblätter zugeben und 20 Minuten durchkochen lassen.
- Nun die Suppe aufmixen und passieren.
- Ist die Suppe noch zu wenig mollig, etwas Mehl mit etwas Sauerrahm glatt rühren und die Suppe damit binden. Nochmals abschmecken.
- Inzwischen die Brotwürfel in einer Pfanne ohne Fett knusprig rösten.
- Die fertige Knoblauchsuppe anrichten, mit den Croûtons bestreuen und mit je einem Tupfen Schlagobers garnieren.

VORBEREITUNGSZEIT: 10 Minuten
KOCHZEIT: 25 Minuten

Rote-Rüben-Süppchen mit Speckstangerl

ZUTATEN

250 g gekochte geschälte Rote Rüben (s. Tipp)
2 Schalotten
2 EL Honig
1 l Gemüsefond
1 Schuss Essig
Salz, Pfeffer
Zucker
Kümmel und Ingwer, gemahlen
Sauerrahm zum Garnieren
Öl oder Butter

Für die Speckstangerl

4 Strudelteigblätter (ca. 20 x 10 cm)
4–8 Scheiben dünn geschnittener Speck
Ei zum Bestreichen
Öl zum Frittieren

ZUBEREITUNG

- Schalotten hacken und in etwas Fett anschwitzen.
- Geschälte Rote Rüben mit einem Reibeisen grob reiben und kurz mitanschwitzen. Honig einrühren, mit Gemüsefond aufgießen, Gewürze zugeben und alles 20 Minuten köcheln lassen.
- Aufmixen, passieren und mit einem Schuss Essig abschmecken.
- Inzwischen für die Speckstangerl die Strudelteigblätter auflegen, mit Ei bestreichen, Speckscheibe(n) darauflegen und einrollen. In heißem Fett knusprig backen. Herausheben und abtropfen lassen.
- Suppe in vorgewärmten Tassen anrichten, mit einem Tupfer Sauerrahm garnieren und mit dem Speckstangerl servieren.

VORBEREITUNGSZEIT: 10 Minuten
KOCHZEIT: 20 Minuten

DER SPEZIELLE TIPP: Rote Rüben schälen Sie am besten, wenn Sie diese in Alufolie (glänzende Seite nach innen) einpacken und im Backrohr bei 90 °C ca. 10–12 Stunden (über Nacht) garen. Dann auspacken, abkühlen lassen und – so die Rüben nicht gleich weiterverwendet werden – in Öl einlegen und luftdicht verschlossen lagern. Wenn Sie bereits eingelegte Rüben verwenden, so können Sie diese auch erst ganz am Schluss unter die Suppe mixen.

Spargelsuppe mit Schinkensandwich

ZUTATEN

- **1 kg Bruchspargel (Spargelreste)**
- **250 ml Weißwein**
- **250 ml Apfelsaft**
- **100 g Crème fraîche**
- **Zucker**
- **Msp. Gelbwurz (ersatzweise Curry)**
- **Salz, Pfeffer**

Für den Schinkensandwich

- **4 Scheiben Toastbrot**
- **100 g Butter**
- **2 Scheiben Schinken**
- **1 Paradeiser**
- **¼ Salatgurke**
- **Salz, Pfeffer**
- **1–2 EL gehackter Schnittlauch**
- **Butter zum Braten**

ZUBEREITUNG

- Zuerst das Toastbrot entrinden und die Rinden zur Seite geben. Butter schaumig schlagen. Mit Salz, Pfeffer und gehacktem Schnittlauch würzen und die Brote auf beiden Seiten damit bestreichen.
- Nun zwei Brotscheiben mit Schinken belegen. Paradeiser und Gurke dünn aufschneiden und je eine Scheibe damit belegen. Schinkenbrot auflegen, Paradeiser- und Gurkenbrot darüberlegen und zum Schluss das zweite Schinkenbrot so auflegen, dass der Schinken nach innen gekehrt ist. In eine Klarsichtfolie hüllen, gut zusammenpressen und kalt stellen.
- Nun Spargel schälen und in einem Topf mit einer Prise Zucker, Salz, Pfeffer, Gelbwurz, Weißwein, Apfelsaft, Crème fraîche und den Brotresten aufkochen. Hitze reduzieren und den Spargel langsam 20 Minuten weich köcheln.
- Parallel dazu den Sandwich in vier Teile schneiden, jeweils mit einem Holzspieß fixieren und in wenig heißer Butter rundum knusprig antoasten.
- Suppe aufmixen, nochmals abschmecken und mit dem getoasteten Sandwich als Garnitur servieren.

VORBEREITUNGSZEIT: 20 Minuten
KOCHZEIT: 20 Minuten

Kleine warme Speisen und Zwischengerichte

Weich gekochtes Ei

ZUTATEN PRO PORTION

1 topfrisches, zimmertemperiertes Ei

ZUBEREITUNG

- Einen Topf mit reichlich Wasser aufstellen und aufkochen lassen.
- Ei mit einer Nadel oder einem Eierstecher an der runden Seite anstechen und vorsichtig ins kochende Wasser einlegen. Je nach Wunsch ca. 3–4 Minuten kernweich oder 4–5 Minuten weich kochen. Hart gekochte Eier benötigen je nach Größe ca. 8 Minuten.

KOCHZEIT: 3–4 Minuten wachsweich, 4–5 Minuten weich (Eier direkt aus dem Kühlschrank 1–2 Minuten länger)

DER SPEZIELLE TIPP: Für diese Art der Eierzubereitung sollten ausnahmslos nur ganz frische Eier verwendet werden, die vor der Verwendung allerdings Zimmertemperatur annehmen sollten, damit sie nicht zu leicht platzen. Sowohl Größe als auch Temperatur der Eier beeinflussen die Kochzeit beträchtlich! Versuchen Sie daher, Ihren Lieblingsgarpunkt herauszufinden und die dazu benötigte Zeit festzuhalten. Auf einer Eieruhr einfach präzise einstellen!

Ei im Glas

ZUTATEN PRO PORTION

2 topfrische, zimmertemperierte Eier

Salz

ZUBEREITUNG

- In einem Topf reichlich Wasser aufkochen, ein dekoratives hohes Glas mit heißem Wasser vorwärmen.
- Eier mit einer Nadel oder einem Eierstecher an der runden Seite anstechen. Ins kochende Wasser vorsichtig einlegen und je nach Wunsch ca. 3–4 Minuten kochen.
- Herausheben, kurz kalt abschrecken und vom spitzen Ende her vorsichtig schälen, dabei gegen Schluss vorsichtig mit einem Löffel herausheben und ins vorgewärmte Glas gleiten lassen.
- Mit Salz auftragen.

KOCHZEIT: 3–4 Minuten (Eier direkt aus dem Kühlschrank 1–2 Minuten länger)

VERWENDUNG: Zwei Eier im Glas sind fixer Bestandteil eines klassischen Wiener Frühstücks, schmecken aber auch als kleiner Imbiss zwischendurch köstlich.

DER SPEZIELLE TIPP: Schälen Sie das Ei direkt über dem vorgewärmten Glas. Sollte es beim Schälen doch beschädigt werden, so lassen Sie es (freilich ohne Schalen!) einfach hineingleiten, rühren mit einer Gabel einmal durch und würzen mit Salz und Pfeffer nach Belieben.

Mittagsstück, Frühessen oder Brunch?

Der gelernte Wiener „brunchte" bereits, als man mit dem Begriff hierzulande noch überhaupt nichts anzufangen wusste. Lässt sich doch im Wiener Kaffeehaus, wo man frei nach Peter Altenberg nicht zu Hause und doch nicht an der frischen Luft ist, ganz formidabel bis weit nach Mittag all jenes ordern, was ein klassisches Wiener Frühstück ausmacht: eine Tasse milde Melange, frisches Kipferl oder knuspriges Semmerl, dazu etwas Butter und Marmelade sowie eine luftige Leichtigkeit vom Hühnerei. Ob Letzteres nun als wachsweich gekochtes Ei im Eierbecher, als Fingerspitzenübung des Frühstückskochs in Form von zwei heiß geschälten weichen Eiern im Glas, als strohgelb glänzende Spiegeleier oder als cremig-gerührte Eierspeis mit einem Hauch von Schnittlauch zu Tisch kommt, ist letztlich persönliche Geschmackssache. Nur eines bekommt man meistens ungefragt dazuserviert: den typischen, grantelnden Charme der Wiener Kaffeehauskellner. Aber der steht wenigstens nicht auf der Rechnung.

Rührei mit Schinken

ZUTATEN

8–12 Eier
100 g Beinschinken
100–150 ml Schlagobers oder Milch
50–70 g Butter
½ Bund Schnittlauch
Salz, Pfeffer

ZUBEREITUNG

- Den Schinken in feine Würferl schneiden. Schnittlauch fein hacken.
- Die Eier nacheinander in eine Schüssel schlagen und nur locker mit einer Gabel versprudeln. Mit Salz und Pfeffer würzen. Schlagobers einrühren und nochmals kurz durchrühren.
- In einer (am besten beschichteten) Pfanne Butter schmelzen lassen. Schinken zugeben und kurz anschwitzen.
- Nun die Eier eingießen und unter wiederholtem Umrühren mit einer Gabel cremig stocken lassen.
- Auf vorgewärmten Tellern anrichten und mit Schnittlauch bestreut servieren.

VORBEREITUNGSZEIT: 5 Minuten
GARZEIT: 5 Minuten
BEILAGENEMPFEHLUNG: frisches Gebäck oder Brot
DER SPEZIELLE TIPP: Was Sie Ihrem Rührei zugeben, hängt ganz von Ihrer Vorliebe und dem vorhandenen Vorrat im Kühlschrank ab. Bestens eignen sich dafür auch klein gewürfelter Speck, den man allerdings etwas länger ausbraten lässt, fein geschnittener Paprika, Tomaten, Champignons, Zucchini, aber auch eingerührter geriebener Käse. Hauptsache, die Eier bleiben nicht zu lange auf dem Feuer – andernfalls wird aus dem Rührei rasch ein Trockenei!

Frittiertes Ei auf knuspriger Semmelschnitte

ZUTATEN

- **4 Eier**
- **4 Semmelschnitten**
- **Öl zum Frittieren**
- **Kräuter zum Garnieren**

Für die Paradeisersauce

- **250 g Paradeiser**
- **500 ml Wasser**
- **1 TL Paradeisermark**
- **1 Zwiebel**
- **Zweiglein frischer Rosmarin**
- **Muskatnuss**
- **Salz, Pfeffer**
- **Zucker nach Geschmack**
- **Öl**
- **kalte Butterflocken nach Belieben**

ZUBEREITUNG

- Für die Paradeisersauce die Paradeiser nach Belieben schälen und kleinwürfelig schneiden. Zwiebel fein schneiden und in etwas Öl anschwitzen. Paradeiser sowie gezupften Rosmarin zugeben und mitanschwitzen, bis die Flüssigkeit zur Gänze verdunstet ist.
- Paradeisermark einrühren, mit Wasser ablöschen und mit Salz, Pfeffer, Zucker sowie Muskatnuss würzen. Eine halbe Stunde köcheln lassen. Dann aufmixen, nochmals abschmecken und nach Belieben mit rasch eingerührter kalter Butter abrunden.
- Inzwischen die Semmelschnitten in einer Pfanne (oder im Toaster) ohne Fett knusprig toasten. Herausnehmen und warm halten.
- In einer kleinen Pfanne etwa einen Finger hoch Öl eingießen und erhitzen.
- Jedes Ei nacheinander vorsichtig in einen Schöpflöffel hineinschlagen und in das heiße Fett gleiten lassen. Etwa 2 Minuten schwimmend frittieren und währenddessen ständig mit heißem Öl übergießen, bis das Eiweiß gestockt, das Dotter aber noch schön cremig ist.
- Herausheben, auf Küchenkrepp abtropfen lassen und auf die knusprige Semmelschnitte setzen. Mit der vorbereiteten Paradeisersauce umgießen und mit frischen Kräutern garnieren.

VORBEREITUNGSZEIT: 10 Minuten
KOCHZEIT: Sauce ca. 40 Minuten, 2 Minuten pro Ei

DER SPEZIELLE TIPP: Verwenden Sie zur Abwechslung für diese Sauce einmal nicht nur „normale" rote Paradeiser, sondern eine der in letzter Zeit so vielfältig angebotenen andersfarbigen Sorten. Das sieht nicht nur besonders dekorativ aus, es schmeckt auch gleich ganz anders.

Eieromelett Tegetthoff

ZUTATEN FÜR 1 OMELETT

3 Eier
100 g gekochtes Hühnerfleisch
100 g Erbsenschoten
100 g Karfiolröschen
100 g Champignons
100 ml Schlagobers oder 2 EL Crème fraîche
Salz
Muskatnuss
Zitronensaft
Butter zum Anschwitzen

Für die Garnitur

gekochtes, in Butter geschwenktes Gemüse und Hühnerfleisch nach Belieben

ZUBEREITUNG

- Erbsenschoten und Karfiolröschen in Salzwasser jeweils bissfest kochen und abtropfen lassen. Hühnerfleisch würfelig schneiden.
- Champignons vierteln und in Butter anschwitzen. Gemüse sowie Hühnerfleisch zugeben, mit Salz, Muskatnuss sowie einem Schuss Zitronensaft würzen. Mit Obers aufgießen und sämig einkochen lassen. Vom Feuer nehmen und warm stellen.
- Für das Omelett die Eier versprudeln und salzen.
- In einer Pfanne etwas Butter stark erhitzen. Überschüssiges Fett abgießen, Eier eingießen und die Eier unter ständigem Rühren mit einem Löffel so zusammenrühren, dass das Omelett nicht flach, sondern zu einem länglichen Spitz geformt wird, in dessen Innenteil dann die Füllmasse gegeben werden kann. Die Hühner-Gemüse-Masse auf die Innenseite auftragen und bei kleiner Hitze cremig stocken lassen.
- Verkehrt (!) auf einen vorgewärmten Teller stürzen. Nach Belieben mit gekochtem, in Butter geschwenktem Gemüse und Hühnerfleisch garnieren.

VORBEREITUNGSZEIT: 15 Minuten
KOCHZEIT: Gemüse 10–15 Minuten, Omelett 4–5 Minuten
BEILAGENEMPFEHLUNG: Petersilerdäpfel und Salat *Foto links*

Wiener Eierspeis'

ZUTATEN

8–12 Eier
50–70 g Butter
½ Bund Schnittlauch
Salz, Pfeffer

ZUBEREITUNG

- Die Eier in eine Schüssel schlagen. Mit einer Gabel nur locker verschlagen. Dabei sollte keinesfalls eine homogene Masse entstehen, sondern das Eiklar noch sichtbar sein.
- Mit Salz und Pfeffer würzen. Schnittlauch fein hacken.
- In einer beschichteten Pfanne Butter schmelzen lassen, bis diese richtig aufschäumt.
- Eier eingießen, kurz anziehen lassen und dann wiederholt mit einem Kochlöffel oder einer Gabel so durchrühren, dass frisch angestockte Stellen stets gewendet werden. Eierspeis' nur so lange auf dem Feuer lassen, dass sie noch schön cremig ist.
- Auf vorgewärmten Tellern anrichten, nach Belieben nochmals mit frisch gemahlenem Pfeffer bestreuen und mit dem gehackten Schnittlauch garnieren.

VORBEREITUNGSZEIT: 5 Minuten
GARZEIT: 2–3 Minuten
BEILAGENEMPFEHLUNG: frisches Gebäck oder Brot mit Butter

Eiernockerl

ZUTATEN

- 6 EL Butter
- 200 g Mehl
- 4 Eier
- 250 ml Milch
- 2 EL Sauerrahm
- Salz, Pfeffer
- 2 Bund Schnittlauch

ZUBEREITUNG

- Butter mindestens Raumtemperatur annehmen lassen (oder am besten handwarm werden lassen).
- Den Schnittlauch fein hacken.
- Dann 4 (!) Esslöffel Butter schaumig rühren.
- Die Hälfte der Eier, das Mehl, die Milch sowie das Salz unterrühren und alles zu einem weichen Teig verarbeiten.
- In einem großen Topf reichlich Salzwasser aufkochen.
- Die Nockerl durch ein Nockerlsieb hineinpressen. Einmal aufkochen lassen, kalt abschrecken und abtropfen lassen.
- Die restliche Butter in einer Pfanne erhitzen und die Nockerl darin schwenken.
- Die letzten beiden Eier mit Sauerrahm versprudeln und über die Nockerl gießen. Kurz stocken lassen. Mit Salz und Pfeffer abschmecken und den fein gehackten Schnittlauch darüberstreuen.
- Auf vorgewärmten Tellern anrichten.

VORBEREITUNGSZEIT: 15 Minuten
KOCHZEIT: einige Minuten
BEILAGENEMPFEHLUNG: grüner Salat

DER SPEZIELLE TIPP: Wenn Sie die Nockerl in eine gefettete Form füllen, mit Eierguss übergießen und dann im heißen Backrohr stocken lassen, so ergibt das eine äußerst schmackhafte Beilage für Fleisch- und Fischgerichte.

Einbrennte Hund'

ZUTATEN

- **100 g Butter oder Schmalz**
- **100 g Mehl**
- **15 Essiggurkerl**
- **500 ml Essiggurkerlwasser**
- **ca. 10 Lorbeerblätter**
- **1 EL Senfkörner**
- **500 g Erdäpfel**
- **250 g Sauerrahm**
- **Kümmelpulver**
- **Salz, Pfeffer**

ZUBEREITUNG

- Die rohen Erdäpfel in 5–8 mm dicke Scheiben schneiden.
- In einem Topf Butter oder Schmalz erhitzen, Mehl einrühren und zu einer hellbraunen Einmach anschwitzen.
- Mit Essiggurkerlwasser ablöschen, mit dem Schneebesen glatt rühren und aufkochen lassen. Erdäpfel unter die Einbrenn mengen, Lorbeerblätter, Senfkörner sowie Kümmel zugeben, salzen und pfeffern.
- Erdäpfel langsam 25–30 Minuten weich kochen.
- Essiggurkerl in Scheiben schneiden, zugeben und nochmals aufkochen lassen. Sauerrahm einrühren und abschließend nochmals abschmecken.

VORBEREITUNGSZEIT: 10 Minuten
KOCHZEIT: 35–40 Minuten
VERWENDUNG: als preisgünstiges kleines Zwischengericht, etwa mit grünem Salat als Beilage, oder als Beilage für gekochte Rindfleischgerichte

G'röste Knödel

ZUTATEN

- **800–1000 g gekochte kalte Knödel**
- **8 Eier**
- **2 Zwiebeln**
- **150 g durchzogener Speck**
- **Salz, Pfeffer**
- **gehackte Petersilie**
- **Butterschmalz**

ZUBEREITUNG

- Die Knödel in Scheiben schneiden und in Butterschmalz knusprig braten.
- Zwiebeln sowie Speck fein schneiden und mit wenig Fett ebenfalls hell anschwitzen.
- Das Backrohr auf 200 °C mit Oberhitze vorheizen.
- Knödel in eine gefettete Auflaufform oder feuerfeste Pfanne legen, das Zwiebel-Speck-Gemisch darüber verteilen.
- Die Eier versprudeln, mit Salz, Pfeffer und gehackter Petersilie würzen und über die Knödel gießen. Ins heiße Rohr schieben und 3–4 Minuten überbacken. (Oder die Eier in der Pfanne bei kleiner Hitze auf dem Herd stocken lassen.)

VORBEREITUNGSZEIT: 10 Minuten
BACKZEIT: 5 Minuten
BACKROHRTEMPERATUR: 200 °C mit Oberhitze
BEILAGENEMPFEHLUNG: Salat
VERWENDUNG: G'röste Knödel schmecken auch sehr gut als Beilage zu Gerichten mit Sauce. Dabei sieht es besonders nett aus, wenn Sie die Knödelmasse in kleine Portionsförmchen pressen und diese dann im Rohr überbacken. Vegetarier werden den Speck einfach weglassen und ihn durch kleine Gemüsewürfelchen ersetzen.

Foto links

Erdäpfelauflauf
mit Salbei-Paradeis-Ragout

ZUTATEN

- ca. 500 g gekochte Erdäpfel
- 100 g Speck
- 100 g Zwiebeln
- 4 Eier
- 100 ml Schlagobers
- 2 EL Crème fraîche
- Salz, Pfeffer
- Muskatnuss
- 100 g gehackte Petersilie
- Kümmelpulver, Majoran
- 100 g frisch geriebener Parmesan
- Butter und Brösel für die Form
- Öl

Für das Ragout

- 8 große Paradeiser
- 100 g frischer Salbei
- 100 g Schalotten
- 1 TL Honig
- Salz, Pfeffer
- 1 Msp. Gelbwurz
- brauner Zucker
- Zitronensaft
- Obers nach Bedarf
- Öl

ZUBEREITUNG

- Speck und Zwiebeln feinwürfelig schneiden und beides in Öl kurz anschwitzen. Vom Feuer nehmen und überkühlen lassen.
- Eier mit Obers und Crème fraîche versprudeln. Zwiebel-Speck-Mischung dazugeben und mit Kümmel, Majoran, Salz, Pfeffer, Muskatnuss sowie gehackter Petersilie würzen.
- Backrohr auf 160 °C vorheizen.
- Eine größere Auflaufform mit ca. 18 cm Durchmesser (oder 4 kleinere Auflaufförmchen) mit Butter ausstreichen, mit Bröseln ausstreuen.
- Gekochte Erdäpfel blättrig schneiden und einschichten. Die Eiermasse eingießen. Mit frisch geriebenem Parmesan bestreuen und im heißen Backrohr 35 Minuten backen.
- Inzwischen für das Ragout die Paradeiser blanchieren (kurz überbrühen), schälen, vierteln und die Kerne auslösen. In eine passende kleine, mit Backpapier ausgelegte Form geben. Mit Salz, Pfeffer sowie etwas braunem Zucker bestreuen und im 160 °C heißen Rohr etwa 12 Minuten ausdämpfen lassen. Wieder herausnehmen.
- Schalotten fein hacken, in Öl anschwitzen und die heißen Paradeiser zugeben. Mit Gelbwurz, Honig, Salz sowie Pfeffer würzen und gut durchrösten. Gehackten Salbei sowie einen Spritzer Zitronensaft untermischen und nochmals abschmecken.
  Bei Bedarf noch mit etwas Obers oder Olivenöl abrunden.
- Mit dem mittlerweile fertig gebackenen Erdäpfelauflauf anrichten.

VORBEREITUNGSZEIT: Auflauf 10 Minuten, Gemüse 15 Minuten
GARZEIT: 35 Minuten (bei kleineren Förmchen bis zu 10 Minuten kürzer), Gemüse 20 Minuten
BACKROHRTEMPERATUR: 160 °C
VERWENDUNG: Je nach Größe der Portionierung kann dieses Gericht als eigenständige Hauptmahlzeit oder auch als Beilage zu gebratenem Fisch und Fleisch serviert werden.

Schinkenfleckerl

ZUTATEN

- 200 g Schinken
- 100 g Zwiebeln
- 200 g Fleckerl
- Salz, Pfeffer
- 50 g gehackte Petersilie
- 1–2 Eier nach Belieben
- Öl oder Butter

ZUBEREITUNG

- Fleckerl in einem Topf mit reichlich Salzwasser weich kochen. Abgießen, kalt abschrecken und abtropfen lassen.
- Zwiebeln fein hacken, den Schinken kleinwürfelig schneiden und in etwas Butter oder Öl anschwitzen.
- Abgetropfte gekochte Fleckerl einrühren und mit Salz, Pfeffer und gehackter Petersilie abschmecken.
- Nach Belieben die Eier versprudeln, über die Fleckerl gießen, bei Bedarf nachwürzen und die Eier kurz stocken lassen. (Sie sollten aber noch cremig sein.)

VORBEREITUNGSZEIT: 5 Minuten
KOCHZEIT: 3–5 Minuten, die Fleckerl zuvor nach Anleitung
BEILAGENEMPFEHLUNG: grüner Salat

Überbackene Schinkenfleckerl mit Kochsalat und Erbsen

ZUTATEN

- 200 g Schinken
- 100 g Zwiebeln
- 200 g Fleckerl
- 50 g Butter
- 1 Ei
- Salz, Pfeffer
- Muskatnuss
- 50 g gehackte Petersilie
- Öl
- Butter und Brösel für die Form
- Kochsalat mit Erbsen (s. S. 157)

ZUBEREITUNG

- Schinken in Würfel, die Zwiebeln fein schneiden und alles in etwas Öl anrösten. Wieder vom Herd nehmen.
- Butter schaumig schlagen, versprudeltes Ei langsam einrühren und mit der Schinkenmasse vermengen. Mit Salz, Pfeffer, Muskatnuss und Petersilie abschmecken.
- Backrohr auf 180 °C vorheizen.
- Parallel dazu die Fleckerl in reichlich Salzwasser weich kochen, abseihen und untermengen. Nochmals abschmecken.
- Eine passende Form (oder mehrere kleine Portionsförmchen) mit Butter ausstreichen, mit Bröseln ausstreuen und die Masse einfüllen. Im heißen Backrohr ca. 15 Minuten überbacken.
- Parallel dazu den Kochsalat mit Erbsen zubereiten. Die Schinkenfleckerl auf Teller stürzen und mit dem fertigen Kochsalat anrichten.

VORBEREITUNGSZEIT: 20 Minuten inkl. Kochen der Fleckerl
BACKZEIT: 15–20 Minuten für kleinere Förmchen, bei größeren Formen bis zu 30 Minuten
BACKROHRTEMPERATUR: 180 °C
DER SPEZIELLE TIPP: Besonders flaumig geraten die Schinkenfleckerl, wenn man der Masse steif geschlagenes Eiweiß beigibt.

Beuscherl in der Kräuterfrittate

ZUTATEN

500 g fertiges Kalbsbeuscherl (s. S. 257)
4 EL Zwiebeln
2 Eier
100 g Sauerrahm
1 EL Semmelbrösel
Salz, Pfeffer
Senf
Öl und Butterschmalz

Für die Kräuterfrittaten

250 ml Milch
2 Eier
180 g Mehl
frisch gehackte Kräuter nach Belieben (Majoran, Rosmarin, Thymian, Petersilie, Liebstöckel)
Salz, Pfeffer
Butterschmalz

ZUBEREITUNG

- Für die Frittaten zunächst Milch mit Eiern und Mehl verrühren. Abseihen, salzen, pfeffern und die frisch gehackten Kräuter einrühren.
- In einer Pfanne Butterschmalz erhitzen, Teig eingießen und nacheinander vier große Palatschinken backen. Herausheben und warm halten.
- Zwiebeln in etwas Öl hellbraun rösten, vom Herd nehmen.
- Das Kalbsbeuschel faschieren oder sehr fein hacken. Mit Zwiebeln, Eiern, Rahm sowie Bröseln vermengen. Mit Salz, Pfeffer und Senf abschmecken.
- Auf die Palatschinken auftragen. Palatschinken einrollen, in Klarsichtfolie einpacken und gut festbinden.
- In einem Topf Wasser aufkochen, Palatschinken einlegen und 25–30 Minuten langsam kochen (oder im Dämpfer bei 95 °C 40 Minuten garen).
- Palatschinken herausnehmen, auspacken und schräg aufschneiden. In einer Pfanne in heißem Butterschmalz rundum anbraten. Auf vorgewärmten Tellern anrichten und nach Belieben garnieren (siehe unten).

VORBEREITUNGSZEIT: 30 Minuten (bei fertigem Beuschel)
KOCHZEIT: 25–30 Minuten
GARNITUREMPFEHLUNG: Rahmsafterl (s. S. 403), eine kleine Menge mit einem Schuss Essig aufgemixtes Beuschel, Gulaschsaft oder Kräutervinaigrette

DER SPEZIELLE TIPP: Diese fein gefüllten Palatschinken lassen sich auch vielfältig variieren: Panieren Sie zur Abwechslung einmal die gefüllten Palatschinken und backen sie dann in heißem Öl heraus, oder schneiden Sie die gekochten Palatschinken in dünne Frittaten und servieren Sie diese in einer herzhaften Rindsuppe.

Specklinsen mit Speckkrusteln

ZUTATEN

200 g getrocknete Linsen
200 ml Rindsuppe oder Gemüsefond
1 EL Senf
2 Zwiebeln
200 g Speck
1 zerdrückte Knoblauchzehe
Lorbeerblatt
Essig
Salz, Pfeffer
Öl
Mehl

Für die Speckkrusteln

4 oder 8 dünne Scheiben Speck

ZUBEREITUNG

- Getrocknete Linsen etwa 4–5 Stunden einweichen.
- Dann abseihen. In einem Topf mit Wasser, einem Schuss Essig, Salz und Lorbeerblatt bissfest kochen.
- Inzwischen Zwiebeln und Speck feinwürfelig schneiden und in etwas Öl anschwitzen. Mit etwas Mehl stauben und mit einem Schuss Essig ablöschen. Mit Suppe aufgießen und mit zerdrücktem Knoblauch, Senf, Salz sowie Pfeffer würzen. Kräftig durchkochen lassen und die abgeseihten Linsen zugeben. Langsam zugedeckt fertig kochen.
- Inzwischen für die Speckkrusteln die Speckscheiben auf ein mit Backpapier ausgelegtes Backblech legen. Mit einem Bogen Backpapier abdecken und am besten mit einem etwas kleineren Backblech beschweren. Backrohr auf 220 °C vorheizen und die Speckscheiben 20 Minuten knusprig backen. Speckkrusteln vom Blech nehmen, das Fett abgießen und anderweitig weiterverwenden. (Am besten über die fertig angerichteten Linsen träufeln.)

VORBEREITUNGSZEIT: 5 Stunden
KOCHZEIT: Linsen 1 Stunde, Speckkrusteln 20 Minuten
BACKROHRTEMPERATUR: 220 °C
BEILAGENEMPFEHLUNG: Semmelknödel

DER SPEZIELLE TIPP: Vegetarier ersetzen den Speck einfach durch klein gewürfelte Karotten und Gemüsewürfel ganz nach persönlichem Geschmack. Linsen, die übrigens auch orientalisch gewürzt ganz hervorragend schmecken, eignen sich auch sehr gut als Beilage zu feinen Wildgerichten.

Eierschwammerlgulasch

ZUTATEN

- 1 kg geputzte Eierschwammerl
- 3 rote Paprikaschoten
- 100 g Zwiebeln
- 2 Knoblauchzehen
- 1 EL edelsüßes Paprikapulver
- 400 ml Gemüsefond oder klare Suppe
- 1 TL Kümmelpulver
- 1/16 l (60–70 ml) Essig
- Salz, Pfeffer
- Butterschmalz und/oder Öl
- Sauerrahm zum Garnieren

ZUBEREITUNG

- Eierschwammerl gut putzen. Paprikaschoten halbieren, entkernen, waschen und grobwürfelig schneiden. Knoblauch fein schneiden.
- Zwiebeln fein hacken und in einer Pfanne in etwas Fett hellbraun anrösten.
- Geschnittenen Paprika sowie Knoblauch zugeben, Paprikapulver einrühren und mit einem kräftigen Schuss Essig ablöschen. Mit dem Gemüsefond aufgießen, mit Salz, Pfeffer und Kümmel würzen. Etwa 20 Minuten köcheln lassen.
- Mit dem Stabmixer aufmixen und nochmals abschmecken.
- Inzwischen die Eierschwammerl in einer großen Pfanne in heißem Öl scharf anrösten, bis kein Wasser mehr austritt.
- Mit der Paprikasauce aufgießen und weitere 5–6 Minuten köcheln. Vor dem Servieren abschmecken und nach Belieben mit Sauerrahm garnieren.

VORBEREITUNGSZEIT: 20 Minuten
KOCHZEIT: ca. 25 Minuten
BEILAGENEMPFEHLUNG: Palffyknödel (s. S. 160)
DER SPEZIELLE TIPP: Wer das Eierschwammerlgulasch sämiger bevorzugt, rühre (je nach Flüssigkeitsmenge) etwa 3 Esslöffel Sauerrahm mit 1 Esslöffel Mehl glatt. In die kochende Sauce einrühren und sämig einköcheln lassen.

Erdäpfelgulasch

ZUTATEN

- 1 kg Erdäpfel
- je 1 rote, grüne und gelbe Paprikaschote
- 1 Zwiebel
- 100 g Speck
- 1 l Gemüsefond oder Rindsuppe
- Spritzer Essig
- 2 zerdrückte Knoblauchzehen
- 1 EL Paprikapulver
- 1 TL Majoran, gemahlen
- Kümmel
- Salz, Pfeffer
- Butterschmalz

ZUBEREITUNG

- Erdäpfel waschen, schälen und vierteln (oder noch kleiner schneiden).
- Paprikaschoten entkernen und in daumengroße Stücke schneiden.
- Zwiebel und Speck in kleine Würfel schneiden und gemeinsam in etwas Butterschmalz anrösten.
- Paprika zugeben und mitanschwitzen. Mit Paprikapulver leicht stauben, mit Essig ablöschen und mit Gemüsefond aufgießen.
- Kräftig mit Knoblauch, Majoran, Kümmel, Salz und Pfeffer würzen. Aufkochen, Erdäpfel zugeben und langsam bei mittlerer Hitze weich kochen. Dabei sollte das Gulasch schön sämig werden. Nochmals abschmecken.

VORBEREITUNGSZEIT: 10–15 Minuten
GARZEIT: 30–35 Minuten

Gefüllte Paprika

ZUTATEN

- **4 große grüne, möglichst „dünnwandige" Paprikaschoten (oder 8 kleinere)**
- **500 g gemischtes Faschiertes (kann durchaus etwas fetter sein)**
- **100 g weich gekochter Reis**
- **50 g gehackte Petersilie**
- **1 l Paradeisersauce (s. S. 171)**
- **1 Ei**
- **Msp. Senf**
- **Majoran**
- **Salz, Pfeffer**
- **Öl**
- **Sauerrahm zum Garnieren**

ZUBEREITUNG

- Das Faschierte mit der gehackten Petersilie, Ei und Senf vermengen. Mit Majoran, Salz und Pfeffer würzen. Abschließend den gekochten Reis unterrühren und nochmals abschmecken.
- Von den Paprikaschoten den Deckel abschneiden, Kerne herauskratzen und gut auswaschen.
- Backrohr auf 180 °C vorheizen.
- Masse einfüllen, glatt streichen und die Deckel verkehrt mit dem Stiel nach unten hineinstecken.
- Eine Bratenpfanne dünn mit Öl bestreichen und die gefüllten Paprika mit der Öffnung nach unten hineinsetzen. Ins heiße Backrohr schieben und 10–15 Minuten anbraten (dadurch schmecken die Paprika besser). Wieder herausnehmen und mit Paradeisersauce aufgießen. Paprika wieder hineinsetzen, mit Alufolie abdecken und weitere 30–35 Minuten fertig dünsten. Dabei wiederholt mit Sauce übergießen.
- Paprika auf heißen Tellern anrichten, mit Sauce übergießen und nach Belieben mit Sauerrahm garnieren.

VORBEREITUNGSZEIT: 30 Minuten
GARZEIT: 40–50 Minuten
BACKROHRTEMPERATUR: 180 °C
BEILAGENEMPFEHLUNG: Reis oder Salzerdäpfel und grüner Salat

DER SPEZIELLE TIPP: Dezenter schmeckt die faschierte Füllmasse, wenn Sie ausgelöstes Hühnerfleisch verwenden, etwas pikanter, wenn Sie faschiertes Lammfleisch verarbeiten.

Überbackener Karfiol mit Schinken

ZUTATEN

- **1 Karfiolkopf**
- **8 Scheiben Schinken**
- **500 ml Milch**
- **50 g Mehl**
- **50 g Butter**
- **1 Msp. Gelbwurz (oder Curry)**
- **1 Lorbeerblatt**
- **Salz, Muskatnuss**
- **100 g geriebener Weichkäse (oder Parmesan)**
- **Butter für die Form**

ZUBEREITUNG

- Karfiol in 4 Teile teilen und in Salzwasser je nach Geschmack mehr oder weniger weich kochen. (Je weicher der Karfiol gekocht wird, desto intensiver kommt der typische Karfiolgeschmack zur Geltung.) Abgießen und abtropfen lassen.
- In einem Topf die Butter schmelzen, mit Mehl stauben und die Milch unter kräftigem Rühren langsam zugießen. Dabei die Sauce ständig mit dem Schneebesen glatt rühren.
- Mit Lorbeerblatt, Gelbwurz, Salz sowie Muskatnuss würzen und langsam bei niedriger Hitze 15–20 Minuten dahinköcheln lassen (dadurch verschwindet der Mehlgeschmack).
- Backrohr auf 220 °C vorheizen.
- Lorbeerblatt entfernen und den geriebenen Käse untermischen. Kurz mitkochen lassen.
- Den gekochten Karfiol in eine passende gebutterte Form setzen, den Schinken darauf verteilen und die Sauce darübergießen.
- Im heißen Backrohr 6–8 Minuten überbacken.

VORBEREITUNGSZEIT: 20 Minuten
BACKZEIT: 6–8 Minuten
BACKROHRTEMPERATUR: 220 °C
BEILAGENEMPFEHLUNG: Heurige oder Petersilerdäpfel

Paradeiserspargel mit gebackenem Kalbskopf

ZUTATEN

8 Stangen Spargel

Paradeisersauce (s. S. 171)

Für den gebackenen Kalbskopf

vorbereiteter Kalbskopf (s. S. 39) oder fertig gekaufter Kalbskopf

Salz

Mehl, Eier, Brösel zum Panieren

Oliven- und Pflanzenöl

ZUBEREITUNG

- Den Kalbskopf wie beschrieben entsprechend rechtzeitig vorbereiten. Aus der Terrine stürzen und in 1,5 cm dicke Scheiben schneiden. Einmal diagonal durchschneiden, salzen und mit Olivenöl beträufeln. In Mehl, verschlagenem Ei und Bröseln panieren.
- Paradeisersauce ebenfalls wie beschrieben vorbereiten.
- Spargel schälen, die holzigen Enden entfernen und in die fertige Paradeisersauce einlegen. Etwa 10–12 Minuten weich dünsten, vom Feuer nehmen und noch 10 Minuten ziehen lassen.
- Inzwischen den panierten Kalbskopf in heißem Pflanzenöl schwimmend goldgelb herausbacken. Herausheben und abtropfen lassen.
- Den nicht mehr ganz heißen Paradeiserspargel auf Tellern anrichten und den gebackenen Kalbskopf darauf platzieren.

VORBEREITUNGSZEIT: bei selbst gemachtem Kalbskopf ca. 8 Stunden, Paradeisersauce ca. 25 Minuten, Panieren 10 Minuten
GARZEIT: Spargel 20 Minuten inkl. Ziehenlassen, Kalbskopf 3–4 Minuten

Paradiesische Genüsse aus der Büchse

Dass der Sprossentrieb des *Asparagus officinalis* nicht nur gesund, weil harntreibend, ist, sondern auch gewisse emotionale Triebe auf angenehme Weise zu wecken versteht, das wussten schon die alten Römer, die den *Gemeinen Spargel* bereits 200 v. Chr. in großem Stil anbauten. Auch im Wien der vorletzten Jahrhundertwende schätzte man die weißen oder grünen Stängel in höchstem Maße und verzehrte sie zur Saison in jeder nur denkbaren Variante. Als kalten Salat mit hart gekochten Eiern und Mayonnaise, in Butterbröseln geschwenkt, mit brauner Butter übergossen, mit Käse oder Sauce Béchamel gratiniert oder in Weinteig getunkt und gebacken – allein in Wien wurden um 1900 rund 30.000 kg frischer Spargel verzehrt! Besonders beliebt waren allerdings jene Garmethoden, bei denen auch kein Quäntchen der aphrodisischen Wirkung verloren gehen konnte: Spargel in einer Sauce nach Wahl, in gewürztem Schlagobers oder einfach in etwas Butter und Wein weich garen. Aber was, wenn die Spargelsaison nach dem Johannistag am 21. Juni endete? Kein Problem. Die beiden Kulinarhistoriker Habs und Rosner berichten in ihrem Appetit-Lexikon von 1894 von der großen Popularität von „Büchsenspargel", also Spargel in Dosen, als ganzjähriger Stimulanz.

Spargel mit Butterbröseln

ZUTATEN

- **1 kg Spargel**
- **Zitronensaft**
- **Salz, Zucker**
- **Butter**

Für die Butterbrösel

- **1–2 hart gekochte Eier**
- **frisch gehackte Petersilie**
- **1 Paradeiser**
- **100 g Semmelbrösel**
- **100 g Butter**
- **Salz**

ZUBEREITUNG

- Die Spargelstangen schälen, den unteren holzigen Teil wegschneiden.
- In einem Topf Salzwasser mit etwas Zitronensaft, einem Stückchen Butter und einer Prise Zucker aufkochen, Spargel einlegen, einmal aufkochen und dann je nach Stärke des Spargels 10–15 Minuten ziehen lassen.
- Währenddessen für die Brösel die hart gekochten Eier und Paradeiser fein hacken.
- Butter schmelzen, die Hälfte der Brösel einrühren und rösten, bis die Brösel hellbraun sind. Nun Eier, Paradeiser sowie Petersilie zugeben, leicht salzen und die restlichen Brösel einrühren.
- Spargel herausheben, anrichten und die Butterbrösel darüber verteilen.

VORBEREITUNGSZEIT: 20 Minuten
KOCHZEIT: ca. 15 Minuten
BEILAGENEMPFEHLUNG: Petersilerdäpfel
DER SPEZIELLE TIPP: Spargel lässt sich auch wunderbar in Alufolie oder Pergamentpapier einschlagen und im Rohr bei 160 °C etwa 15 Minuten garen. Damit der Spargel dabei schön saftig bleibt, sollten Sie ihn vorher mit Apfelsaft und/oder flüssiger Butter beträufeln. Auch Geflügelfond, vermengt mit frischen Kräutern, verleiht ihm bei dieser Garmethode die nötige Saftigkeit.

Foto rechts

Spargel-Cordon-bleu

ZUTATEN

- **12 dicke Stangen Spargel**
- **12 Scheiben Schinken**
- **12 dünne Scheiben Edamerkäse**
- **Zitronensaft**
- **Salz, Zucker**
- **Mehl, Ei und Semmelbrösel zum Panieren**
- **Öl**
- **Sauce Tartare (s. S. 173)**

ZUBEREITUNG

- Spargel schälen, das holzige Ende entfernen und die Spargelstangen in Salzwasser mit etwas Zitronensaft und einer Prise Zucker 10–12 Minuten kochen lassen. Vom Feuer nehmen und noch 2–3 Minuten ziehen lassen, bis der Spargel schön bissfest, aber nicht zu weich gegart ist.
- Spargel herausheben und der Länge nach in der Mitte ein-, aber nicht durchschneiden (wie bei Berner Würsteln).
- Edamer so zurechtschneiden, dass man ihn in den Spargel hineinschieben kann. Spargel mit je einer Schinkenscheibe umhüllen.
- Nun die Spargelstangen in Mehl wälzen, in verschlagenem Ei und Bröseln wenden und das Ganze noch einmal wiederholen. (Damit die Panier auch gut hält.)
- In einer Pfanne Öl erhitzen und die Spargelstangen darin goldgelb herausbacken.
- Herausheben, kurz abtropfen lassen und mit Sauce Tartare anrichten.

VORBEREITUNGSZEIT: 10 Minuten
GARZEIT: Spargel 14–15 Minuten kochen, 2–3 Minuten herausbacken

Gefüllte Gurke

ZUTATEN

- 2 Salatgurken
- 40 g Zwiebelwürfel
- 100 g faschiertes Schweinefleisch
- 50 g gehackte Petersilie
- 1 EL Schweineschmalz für die Einmach
- 1 EL Mehl
- 250 ml Rindsuppe
- Paprikapulver
- Kümmelpulver
- Salz, Pfeffer
- Muskatnuss
- Sauerrahm und Essig zum Abschmecken
- Schweineschmalz
- gehackte Dille

ZUBEREITUNG

- Die Gurken schälen, halbieren und die Kerne entfernen. Die Gurken dabei etwas aushöhlen.
- Zwiebelwürfel in Schmalz etwas anschwitzen, wieder vom Herd nehmen. Unter das Faschierte mischen. Mit Salz, Pfeffer, Muskatnuss und Petersilie würzen. Die Gurken mit der Masse füllen und wieder zusammensetzen. Gut zusammendrücken und die Enden auf beiden Seiten wegschneiden.
- Nun in einem breiten Topf einen Esslöffel Schmalz zerlassen, Mehl einstreuen und zu einer hellen Einmach anschwitzen. Mit Rindsuppe aufgießen und mit Salz, Pfeffer, Paprika sowie Kümmel abschmecken. Aufkochen lassen und mit etwas Sauerrahm sowie einem Schuss Essig geschmacklich abrunden.
- Gurke hineinsetzen und zugedeckt 10–12 Minuten weich dünsten. Herausnehmen und auf einem Teller warm stellen.
- Dille unter die Sauce mischen und im Mixer aufmixen. Gurken anrichten und mit der Sauce umgießen. Mit Dille garnieren.

VORBEREITUNGSZEIT: 10–15 Minuten
KOCHZEIT: 18 Minuten
VERWENDUNG: Dieses klassische Alt-Wiener Gericht gibt nicht nur eine nette warme Zwischenmahlzeit ab, sondern eignet sich ideal als Beilage für Fleischgerichte. Je nach Hauptgericht können die Gurken dann etwa mit Lamm-, Rind- oder Geflügelfleisch gefüllt werden. Übrig gebliebene, kalt gewordene Gurken kann man auch in Scheiben schneiden und kurz in Butter anbraten und ebenfalls wiederum als Beilage oder kleinen Imbiss servieren.

Vegetarisch, ja aber …

Der Kult um vegetarische Ernährung ist ein Kind unserer Zeit, was allerdings keineswegs heißt, dass man in früheren Jahrhunderten nicht auch vegetarische Gerichte auf den Speiseplan gesetzt hätte. Allerdings nicht nur aus Ernährungsbewusstsein. Da Fleisch als teures Luxusprodukt in normalen Haushalten nur ab und an leistbar war, schossen fantasievolle Gemüserezepte aus dem Boden wie die sprichwörtlichen Schwammerl, die selbstverständlich auch als Wiener-Schnitzel-Fake in panierter Form gern serviert wurden. Hier und da durfte es dann auch schon ein Hauch von Speck, ein bisschen Schinken oder Faschiertes sein, wie im Fall der äußerst beliebten Gefüllten Gurke, die im alten Wien sogar als Belag auf knusprigem Schwarzbrot über pikantem Kräutertopfen ihre Anhänger hatte.

In Speck gebratene Grießnockerl mit Kohlrabi-Dill-Gemüse

ZUTATEN

Grießnockerl (s. S. 51)

16 Scheiben Frühstücksspeck

Butter

Für das Gemüse

2 nicht holzige Kohlrabi

50 g Butter

30–50 g Mehl

100 g gehackte Dille

Salz, Pfeffer

Zitronensaft

ca. 300 ml Gemüsefond oder Wasser

2 EL Crème fraîche

ZUBEREITUNG

- Die Grießnockerlmasse wie im Grundrezept beschrieben zubereiten. Zu 8 Nockerln formen, nach Anleitung kochen, abtropfen und überkühlen lassen.
- Backrohr auf 160 °C vorheizen.
- Jedes Nockerl mit 2 Scheiben Speck umwickeln. In einer Pfanne in heißer Butter anbraten, ins heiße Backrohr schieben und 5–7 Minuten fertig braten.
- Parallel dazu für das Gemüse Kohlrabi schälen und würfelig schneiden. In heißer Butter anschwitzen, Mehl einrühren, mit Zitronensaft ablöschen und mit Fond oder Wasser aufgießen. Durchkochen lassen. Dille zupfen, die Stängel unter den Kohlrabi rühren. Den Rest fein hacken und zur Seite legen.
- Mit Salz, Pfeffer abschmecken. Crème fraîche glatt rühren, zugeben und Kohlrabi langsam 5–7 Minuten weich köcheln.
- Die Dillstängel wieder entfernen und abschließend die fein gehackte Dille unterziehen.
- Auf vorgewärmten Tellern anrichten, die gebratenen Grießnockerl daraufsetzen und auftragen.

VORBEREITUNGSZEIT: Nockerl 40 Minuten, Gemüse 10 Minuten
GARZEIT: Nockerl 5–7 Minuten, Gemüse 15 Minuten
BACKROHRTEMPERATUR: 160 °C

Grammelknöderl mit Speckkrautsalat

ZUTATEN

Erdäpfelteig I für pikante Knödel (s. S. 399)
400 g Grammeln
gehackter Knoblauch nach Belieben
2 EL fein gehackte Petersilie
Salz, Pfeffer

Für die Garnitur

Krautsalat mit Speck (s. S. 151)

ZUBEREITUNG

- Die Grammeln im 180 °C heißen Backrohr ca. 20 Minuten knusprig backen.
- Herausnehmen, kurz überkühlen lassen und mit einer Erdäpfelpresse leicht auspressen. Mit Salz, Pfeffer, Knoblauch und gehackter Petersilie würzen.
- Abgedeckt kalt stellen.
- Aus der gut durchgekühlten Masse kleine Kugerl formen.
- Vom Knödelteig kleine Stücke abreißen und die Grammelkugerl damit umhüllen. Zu runden Knödeln formen und gut festdrücken.
- In kochendes Salzwasser einlegen und ziehen lassen, bis sie aufsteigen.
- Herausheben und mit dem vorbereiteten Speckkrautsalat auftragen.

VORBEREITUNGSZEIT: 1–1 ½ Stunden
KOCHZEIT: Grammeln rösten 20 Minuten, Knödel kochen 10–15 Minuten

Foto links

Krautfleckerl

ZUTATEN

1 Krautkopf
200 g Fleckerl (selbst gemacht s. Nudelteig S. 398 oder gekauft)
2 Zwiebeln
200 ml Weißwein
100 g Kristallzucker
frisch gezupfter Majoran
Kümmelpulver
Schuss Essig
Salz, Pfeffer

ZUBEREITUNG

- Das Kraut putzen, Strunk entfernen und die einzelnen Blätter in kleine Fleckerl schneiden. Zwiebeln ebenfalls fein schneiden.
- In einem Topf den Zucker erhitzen und karamellisieren, Zwiebeln zugeben und mitkaramellisieren.
- Kraut einmengen und kurz mitrösten. Mit Weißwein ablöschen, etwa 15 Minuten einkochen lassen, bis die Flüssigkeit verdunstet ist. Mit Salz, Pfeffer, Kümmel, Majoran sowie einem Schuss Essig abschmecken und das Kraut zugedeckt weich dünsten.
- Inzwischen die Fleckerl nach Anleitung bissfest kochen. Abseihen und unter das Kraut mischen. Nochmals abschmecken.

VORBEREITUNGSZEIT: 15 Minuten
GARZEIT: 20 Minuten

DER SPEZIELLE TIPP: Bringen Sie in die Krautfleckerl einmal eine gänzlich neue Geschmacksnote, indem Sie ein oder zwei Schwarzbrotscheiben in Bier einweichen, diese dann glatt rühren und unter die Fleckerl mengen! Die Krautfleckerl werden dadurch wunderbar sämig und schmecken völlig anders.

Lammfleischknödel mit Zwiebelchutney

ZUTATEN

300 g Lammfleisch von der Schulter
1 Karotte
1 gelbe Rübe
100 g Lauch
1 Zweig Rosmarin
2 Knoblauchzehen
1 TL Senfkörner
Msp. Piment, Kardamom, Gelbwurz (Curry)
Salz, Pfeffer
1 EL Semmelbrösel
1 EL zerlassene Butter
Öl

Für den Schafkäseteig

250 g Schafkäse
1 Ei
2 EL Mehl
gehackte Petersilie

Für das Zwiebelchutney

4 rote Zwiebeln
2 Äpfel
1 EL Honig
Schuss weißer Balsamicoessig
gehackter Koriander, Sambal Oelek, Gelbwurz (ersatzweise Curry)
Salz, Pfeffer
Öl

ZUBEREITUNG

- Bereits am Vortag das Chutney zubereiten. Dafür Zwiebeln feinwürfelig schneiden und in etwas Öl langsam 20 Minuten anschwitzen, bis sie wirklich weich sind. Sämtliche Gewürze, Honig und Essig zugeben und alles weich dünsten. Nochmals abschmecken. Äpfel feinwürfelig schneiden und abschließend einrühren. Noch 5–7 Minuten weich köcheln. Vom Herd nehmen, in ein Einmachglas umfüllen und mindestens bis zum nächsten Tag ziehen lassen.
- Dann Lammfleisch zuputzen und ebenso wie das Gemüse und den Knoblauch sehr fein schneiden.
- Lammfleisch in etwas Öl anrösten. Wurzelgemüse, Lauch sowie Rosmarin und Knoblauch zugeben. Mitrösten und dann mit Salz, Pfeffer, Senfkörnern, Piment, Kardamom und Gelbwurz würzen. Bei nicht zu großer Hitze langsam zugedeckt 25–30 Minuten köcheln lassen.
- Inzwischen für den Schafkäseteig alle Zutaten miteinander gut vermengen und zu einem Teig verarbeiten.
- Lammfleisch vom Feuer nehmen, Rosmarin entfernen und überkühlen lassen. Masse nochmals fein hacken und mit Bröseln und Butter binden. Abschmecken.
- Aus der Masse kleine Kugerl formen und mit Schafkäseteig umhüllen. In heißem Fett schwimmend herausbacken (oder im 180 °C heißen Backrohr 10–12 Minuten goldbraun backen.) Kurz abtropfen lassen und auf das vorbereitete Zwiebelchutney setzen.

VORBEREITUNGSZEIT: für das Chutney 12 Stunden, für Masse und Knödelformen ca. 1 Stunde
KOCHZEIT: Knödel ca. 10–15 Minuten

Kohlwürstelpudding

ZUTATEN

- **1 Kohlkopf**
- **1 Zwiebel**
- **100 g Selchfleisch, Schinken oder Speck**
- **2 Eier**
- **100 g Sauerrahm**
- **100 g frisch geriebener Parmesan**
- **Butter- oder Schweineschmalz**
- **Butter und Brösel für die Formen**
- **Salz, Pfeffer**
- **Muskatnuss**
- **Kümmelpulver**
- **Sauerrahm und knusprige Speckwürfel zum Garnieren**

ZUBEREITUNG

- Kohlblätter ablösen, dabei den Strunk entfernen und die Blätter in Salzwasser kurz blanchieren (überbrühen). In Eiswasser abschrecken, abtropfen lassen.
- Zwiebel fein hacken und in Schmalz anschwitzen. Selchfleisch ebenfalls fein hacken und einmengen. Mit Salz, Pfeffer, Kümmel sowie Muskatnuss würzen und alles gut anrösten. Fett abgießen und die Masse überkühlen lassen.
- Nun Rahm und die Hälfte des Parmesans unterrühren. Das Backrohr auf 180 °C vorheizen.
- Kleine passende Auflaufform mit Butter ausstreichen, mit Bröseln ausstreuen.
- Kohlblätter ausdrücken, auflegen und mit dem Fleischklopfer zart platt klopfen. Die Masse locker, nicht zu üppig auftragen und die Blätter wie kleine Würstel zusammenrollen. Diese dann wiederum zu Schnecken einrollen und in die Förmchen einlegen.
- Restlichen Parmesan mit 2 Eiern versprudeln und auf die Kohlschnecken auftragen. Im heißen Backrohr 16–20 Minuten backen. Auf heiße Teller stürzen und mit knusprigen Speckwürfeln und etwas Sauerrahm garnieren.

VORBEREITUNGSZEIT: 40 Minuten
BACKZEIT: 16–20 Minuten
BACKROHRTEMPERATUR: 180 °C
GARNITUREMPFEHLUNG: Scheiben von marinierten Roten Rüben, Kräuterrahm oder Knuspriger Erdäpfelsalat (s. S. 31)

Butternudeln mit Schweinsbauch und Niierndln

ZUTATEN

Nudelteig I (s. S. 398)
3 Scheiben gebratener Kümmel- oder Schweinsbraten (Reste vom Sonntagsbraten)
2 Schweinsnieren
2 Schalotten
20 g Butter
Essig
1/16 l (= 60–70 ml) Weißwein
gehackter Knoblauch
Majoran, Thymian
Salz, Pfeffer
Olivenöl
1 Karotte und 100 g Lauch für die Garnitur

ZUBEREITUNG

- Den Nudelteig nach Anleitung herstellen und rasten lassen.
- Inzwischen die Nieren putzen und etwa 30 Minuten wässern.
- Nudelteig ausrollen und in dünne Bandnudeln schneiden. In Salzwasser bissfest kochen, abseihen.
- Parallel dazu Schweinsbauch und Nierndln kleinwürfelig schneiden. Schalotten fein schneiden und in Butter anschwitzen. Nieren mitrösten, dann Schweinsbauchwürferl zugeben und mit Salz, Pfeffer, Majoran, Thymian sowie Knoblauch würzen.
- Mit einem Spritzer Essig ablöschen, mit Weißwein aufgießen und kurz einkochen lassen.
- Lauch in Ringe schneiden, die Karotte würfeln und alles in etwas Olivenöl kurz weich dünsten.
- Schweinsbauch auf vorgewärmten Tellern mit den Bandnudeln anrichten. Mit dem sautierten Gemüse garnieren.

VORBEREITUNGSZEIT: Nudelteig 2 Stunden rasten, Nieren 30 Minuten wässern, danach 20 Minuten
KOCHZEIT: 10 Minuten

Nierencocktail

ZUTATEN FÜR 4 KLEINE COCKTAILGLÄSER

4 Schweinsnieren oder 2 Kalbsnieren

Erdäpfelpüree nach Belieben (s. S. 164)

100 g Zwiebeln

100 g gehackte Petersilie

Schuss Brombeeressig

200 ml Kalbsfond oder Rindsuppe

50 g kalte Butter

2 EL Sauerrahm

100 g rote Paprikaschote

Salz, Pfeffer

Msp. Kardamon

Öl

100 ml Haltbarmilch zum Aufschäumen

ZUBEREITUNG

- Das Erdäpfelpüree wie beschrieben vorbereiten.
- Nieren sauber zuputzen, dabei Stränge, Fett und Äderchen entfernen. Etwa 30 Minuten in Wasser legen.
- Dann in kleine Würfel schneiden. Mit Salz, Pfeffer sowie Kardamom würzen und etwa 10 Minuten abgedeckt ziehen lassen.
- Inzwischen Zwiebeln und Paprikaschote fein hacken.
- In einer Pfanne etwas Öl erhitzen und die Nieren darin kurz anbraten, wieder herausgeben.
- Zwiebeln und Paprika zugeben, kurz anschwitzen und mit Fond aufgießen. Einmal aufkochen lassen und dann die Nieren wieder einmengen. Etwa 2–3 Minuten kochen lassen. Die gehackte Petersilie unterrühren, Sauerrahm zugeben und alles nochmals mit einem Schuss Brombeeressig abschmecken.
- Hitze völlig reduzieren und die kalte Butter in kleinen Stückchen flott unterrühren, dabei aber nicht mehr kochen lassen.
- Das vorbereitete heiße Erdäpfelpüree jeweils in ein kleines Cocktailglas füllen. Die Nieren darauf anrichten. Haltbarmilch kurz aufschäumen und den Cocktail damit garnieren.

VORBEREITUNGSZEIT: 40–50 Minuten
KOCHZEIT: 10–12 Minuten

Milzschnitten auf Kohlgemüse

ZUTATEN

Milzschnitten (s. S. 60)
1 Kohlkopf
300 ml Rahmsafterl (s. S. 403)
1 Knoblauchzehe
Kümmelpulver
Salz, Muskatnuss

ZUBEREITUNG

- Die Milzschnitten wie beschrieben vorbereiten, aber noch nicht durch das Ei ziehen und herausbacken.
- Die äußeren Blätter des Kohls entfernen, Strunk wegschneiden, die Kohlblätter loslösen und in Streifen schneiden.
- In einem Topf Salzwasser aufkochen, Kohl hineingeben und kurz bissfest blanchieren (überbrühen). Kalt abschrecken und abtropfen lassen.
- Rahmsafterl aufkochen, mit gepresstem Knoblauch, Kümmel, Salz sowie Muskatnuss würzen und den Kohl zugeben. Etwa 8–10 Minuten darin köcheln lassen. Nochmals abschmecken.
- Inzwischen die Milzschnitten durch die versprudelten Eier ziehen und in heißem Öl auf beiden Seiten goldgelb herausbacken.

VORBEREITUNGSZEIT: 20 Minuten
KOCHZEIT: 20 Minuten

Schnepfenkoth und Milzschaben

Lungenstrudel, Leberreis, Milzschnitten – sie alle sind Stars der berühmten Wiener Suppenküche, die ihre Existenz im Wesentlichen nur zwei Umständen zu verdanken haben: der Totalverwertung der geschlachteten Tiere bis zum letzten Innereien-Rest und dem großen Reservoir an Zeit der großteils nicht berufstätigen Hausfrauen. Denn Letzteres war in hohem Maß vonnöten, um die Metamorphose von blutigen Innereien zu schmackhaften Leckerbissen zu bewerkstelligen. Doch die Mühe des langwierigen Schabens der Milz lohnte sich. Mit Speck, Zwiebeln, Petersilie, Limonenschalen, zerdrückten Sardellen und gestoßenen Wacholderbeeren vermengt, wurde die Farce laut Katarina Pratos legendärem Kochbuch „Süddeutsche Küche" auf Semmelschnitten gestrichen, in Butter herausgebacken und nicht nur in heißer Suppe serviert. Pofesen dieser Art waren um 1900 durchaus auch als stimmige Beilage zu passenden Fleischgerichten beliebt. Als besondere Delikatesse galt dabei der so genannte Schnepfenkoth oder Schnepfendreck, der tatsächlich aus nichts anderem zubereitet wurde als aus g'schmackig verfeinerten Innereien der damals nicht minder populären Schnepfen.

Blunzenpofesen mit grünem Spargel

ZUTATEN

- 8 Scheiben Toastbrot
- 400 g Blunzen (Blutwurst)
- 100 g Selchspeckwürfel
- 100 g Zwiebeln
- 50 g fein gehackte Walnüsse
- 1 Eidotter
- 1 TL Würzbrösel (s. S. 405)
- frischer Majoran
- Salz, Pfeffer
- Butterschmalz und Öl

Für den Spargel

- 300 g grüner Spargel
- 1 rote Zwiebel
- 100 ml Gemüsefond
- Balsamicoessig
- Butter
- frisch geriebener Parmesan
- Salz, Pfeffer

ZUBEREITUNG

- Zwiebeln fein hacken und in Öl anschwitzen.
- Blunzen in Scheiben schneiden, zugeben und mitrösten. Mit Salz, Pfeffer und Majoran würzen. Nüsse sowie Speckwürfel untermengen und vom Feuer nehmen.
- Das Eidotter mit den Würzbröseln einrühren und nochmals abschmecken.
- Die Masse auf 4 Toastbrotscheiben auftragen. Mit je einer Brotscheibe abdecken und gut andrücken.
- Die Pofesen in einer Pfanne in heißem Butterschmalz (oder auf einer Grillplatte) unter wiederholtem Andrücken sehr langsam auf jeder Seite ca. 10 Minuten toasten. Dabei möglichst fest andrücken, damit die Pofesen schön dünn werden.
- Währenddessen den Spargel bei Bedarf am unteren Ende schälen, holzige Teile entfernen und Spargel in gleich große Stücke schneiden. In Butter anbraten.
- Die Zwiebel fein hacken und mitrösten. Einen Schuss Balsamicoessig und Gemüsefond zugießen und unter ständigem Schwenken einkochen. Spargel salzen und pfeffern. Anrichten und mit geriebenem Parmesan bestreuen.

VORBEREITUNGSZEIT: 10 Minuten
GARZEIT: Pofesen 20 Minuten, Spargel 15 Minuten

DER SPEZIELLE TIPP: Da Blunze nicht jedermanns Sache ist, lässt sich dieses Gericht beliebig abwandeln, indem Sie die Pofesen beispielsweise mit festem Schafkäse oder Halloumi (halbfester türkisch/griechischer Käse) füllen. Sehr apart schmecken die Pofesen, wenn Sie statt Spargel Räucherlachs oder Kalamari als Garnitur verwenden.

Gebackenes Blunzengröstl

ZUTATEN

300 g Blunzen (Blutwurst)
100 g gekochte Erdäpfel
50 g Zwiebeln
50 g Speck
1 Schweinsnetz (ca. 200 g)
Apfelkren (s. S. 174)
Salz, Pfeffer
frisch geriebener Kren nach Geschmack
Mehl, Ei und Semmelbrösel zum Panieren
Öl

ZUBEREITUNG

- Das Schweinsnetz wässern.
- Inzwischen Erdäpfel, Zwiebel und Speck in kleine Würfel schneiden. Die Blunzen schälen, ebenfalls in kleine Würferl schneiden.
- Zwiebel- und Speckwürfel mit etwas Öl anrösten. Erdäpfel zugeben und mitrösten.
- Blunzenwürferl untermengen und kurz mitrösten. Mit Salz, Pfeffer und frisch geriebenem Kren nach Geschmack abschmecken.
- Kurz überkühlen lassen.
- Nun das gewässerte Netz ausdrücken, trocken tupfen und auflegen. In 4 größere oder 8 kleine Stücke teilen. Blutwurstmasse auftragen und zu kleinen „Päckchen" zusammenschlagen.
- In Mehl, verschlagenem Ei und Bröseln panieren und in reichlich heißem Öl 5–6 Minuten knusprig herausbacken.
- Herausheben, abtropfen lassen und mit Apfelkren anrichten.

VORBEREITUNGSZEIT: 20 Minuten
GARZEIT: 6–8 Minuten
GARNITUREMPFEHLUNG: frittierte Erdäpfelwürferl

DER SPEZIELLE TIPP: Das traditionelle Blunzengröstl finden Sie auf Seite 269.

Grenadiermarsch

ZUTATEN

200 g (festkochende) gekochte Erdäpfel
200 g Fleckerl
100 g Bauchspeck oder Rindfleisch-Bratenreste
1 Zwiebel
2 EL Schmalz
Salz, Pfeffer
Majoran, Kümmelpulver
50 g Petersilie
Zitronensaft

ZUBEREITUNG

- Die Zwiebel feinwürfelig, die gekochten Erdäpfel in Würfel oder Scheiben schneiden. Den Speck oder die Bratenreste ebenfalls in kleine Würfel oder Scheiben schneiden.
- Die Fleckerl in Salzwasser bissfest kochen, abschrecken und abseihen.
- In einer möglichst großen Pfanne Schmalz erhitzen und die Erdäpfel darin mittelbraun anrösten. Dann Zwiebel und Speck bzw. Bratenreste einmengen und alles weiter knusprig rösten.
- Mit Salz, Pfeffer, Majoran und Kümmel würzen. Abschließend die gekochten Fleckerl einrühren. Gehackte Petersilie und einen Schuss Zitronensaft untermengen und vor dem Servieren nochmals abschmecken.

VORBEREITUNGSZEIT: 30 Minuten inkl. Kochen der Fleckerl
GARZEIT: 10 Minuten
GARNITUREMPFEHLUNG: Zwiebelringe
VERWENDUNG: Grenadiermarsch ist nicht nur ein sehr beliebtes eigenständiges Gericht, das meist mit grünem Salat serviert wird, sondern passt auch als Beilage für Rahmsaucengerichte sehr gut.

DER SPEZIELLE TIPP: Für Vegetarier ersetzen Sie den Speck einfach durch knackig gebratenes Gemüse. In allen Fällen gleich gut schmeckt auch jene Rezept-Variante, nach der man zwei oder drei verschlagene Eier über den Grenadiermarsch verteilt und diese noch kurz stocken lässt.

Ochsenschlepp
mit Bärlauchpüree, Wachtelspiegelei und gebratenen Paradeisern

ZUTATEN

- 4 fleischige St. Ochsenschlepp à ca. 200–250 g
- 4 frische Wachteleier
- 1 Karotte
- 1 gelbe Rübe
- 1 Zwiebel
- ¼ Knolle Sellerie
- 10 Pfefferkörner
- 4 Wacholderbeeren
- 2 Lorbeerblätter
- 500 ml Rotwein
- ½ l Wasser oder Rindsuppe
- Semmelbrösel
- Öl und Butterschmalz zum Anbraten

Für das Bärlauchpüree

- ca. 700 g mehlige Erdäpfel
- ca. 100 g Bärlauchpaste (s. S. 405)
- 200 g Butter
- Salz, Muskatnuss
- ca. 6 Kümmelsamen

Für die Paradeiser

- 16 St. Cherryparadeiser (kleine Paradeiser)
- 1 fein gehackte Knoblauchzehe
- 100 g brauner Zucker
- 1/16 l (= ca. 60 ml) Olivenöl
- Salz

ZUBEREITUNG

- Wurzelwerk und Zwiebel würfelig schneiden.
- Ochsenschwanzstücke in heißem Öl anbraten. Zwiebel sowie Wurzelgemüse mitrösten, mit Rotwein ablöschen und mit Wasser oder Suppe aufgießen. Gewürze zugeben und zugedeckt bei mittlerer Hitze ca. 2 Stunden weich dünsten.
- Fleisch vom Knochen lösen und den Saft einkochen lassen. Gewürze entfernen, Saft mit dem Stabmixer aufmixen. Die Ochsenschleppstücke in eine Terrinenform hineinpressen und mit dem Saft abdecken. Im Kühlschrank über Nacht gut durchkühlen lassen.
- Für das Bärlauchpüree geschälte Erdäpfel in Salzwasser mit Kümmel weich kochen. Kümmel entfernen, Wasser abseihen und Erdäpfel zugedeckt ca. 10 Minuten ausdämpfen lassen. Zerstampfen.
- Butter schmelzen, unter die Erdäpfel rühren und mit Salz sowie Muskat abschmecken. Bärlauchpaste nach gewünschter Intensität einrühren.
- Zucker, Knoblauch, Öl und Salz vermengen, die gewaschenen Paradeiser daruntermischen und in einer gefetteten Backform oder auf einem Backblech verteilen. Im vorgeheizten Backrohr bei 180 °C 12–15 Minuten braten.
- Den Ochsenschlepp in kleinere Stücke schneiden, in Bröseln wenden und in heißem Butterschmalz rundum langsam braten.
- Parallel dazu Wachteleier in etwas Butterschmalz zu Spiegeleiern braten. Würzen.
- Ochsenschlepp vorsichtig auf Teller legen. Bärlauchpüree in einen Spritzsack füllen und aufspritzen. Je 4 Paradeiser daraufsetzen und mit Wachtelspiegelei garnieren.

VORBEREITUNGSZEIT: 12 Stunden kühl stellen
KOCHZEIT: Ochsenschlepp 2 Stunden, Fertigstellung 40 Minuten

Mit Bröseln gebratenes Kalbsbries mit Morcheln und Kräuterpolenta

ZUTATEN FÜR 4 KLEINE PORTIONEN

200 g Kalbsbries
100 g Morcheln – frisch oder getrocknet
1 Karotte
1 Knoblauchzehe
etwas Liebstöckel
1 Stange Lauch
50 g Brösel
Salz, Pfeffer
Olivenöl
Butter und Öl zum Anbraten
Polenta (s. S. 170)
1 Handvoll gemischte Kräuter
1 St. Lauch zum Garnieren
Milch bei Bedarf

ZUBEREITUNG

- Kalbsbries gut zuputzen. Karotte sowie Lauch klein schneiden, die Morcheln gut waschen.
- Kalbsbries mit Karotten, Lauch, Liebstöckel und Knoblauch in Salzwasser ca. 25 Minuten leicht köcheln. Bries aus dem Wasser heben, abtupfen, Haut abziehen und in beliebig große Röschen teilen. Mit Salz und Pfeffer würzen, mit Olivenöl einstreichen und in den Bröseln wenden.
- In heißem Öl beidseitig anbraten und in der Pfanne ziehen lassen.
- Polenta wie im Grundrezept beschrieben zubereiten. Gegen Schluss die fein gehackten Kräuter unterrühren und bei Bedarf noch etwas Milch zugeben. Abschmecken.
- Die geputzten Morcheln und den für die Garnitur in Ringe geschnittenen Lauch kurz in Butter anschwitzen. Das auf Tellern angerichtete Kalbsbries damit garnieren und mit der Polenta auftragen.

VORBEREITUNGSZEIT: 10 Minuten
KOCHZEIT: 25 Minuten köcheln, 3–5 Minuten in der Pfanne braten

Selbst geräucherte Forelle in der Palatschinke

ZUTATEN

6 Forellenfilets zu je 120 g (s. Tipp)
100 g Säge- oder Räucherspäne zum Räuchern
4 heiße Palatschinken (s. S. 300)
2 Eier
100 ml Schlagobers
Salz, Pfeffer
Muskatnuss
frisch gehackter Rosmarin
etwas abgeriebene Zitronenschale
Schuss Noilly Prat oder trockener Weißwein
Olivenöl
4 EL Obers zum Übergießen
Eiswürfel nach Bedarf
Butter für die Förmchen
Schnittlauchsprossen und Friséesalat zum Garnieren

ZUBEREITUNG

- Backrohr auf 50 °C Ober- und Unterhitze aufheizen (keinesfalls Umluft!).
- Forellenfilets salzen, pfeffern und mit Olivenöl beträufeln. Auf einen mit Öl bestrichenen Teller legen und ins heiße Rohr stellen.
- Parallel dazu die Räucherspäne ohne Fett in einer (alten) Pfanne etwa 2–3 Minuten stark erhitzen, bis sie zu rauchen beginnen. Pfanne mit den Spänen ins heiße Backrohr unter die Forellen stellen und 10 Minuten im Rohr geschlossenen stehen lassen.
- Dann die geräucherten Forellenfilets herausnehmen.
- Von den 6 Filets 4 klein hacken und in den Cutter geben. Eier, Obers, Muskatnuss, Rosmarin, Zitronenabrieb sowie Noilly Prat zugeben und alles aufcuttern. (Sollte die Masse dabei ausflocken, einige Eiswürfel während des Cutterns zugeben und die Masse dadurch binden.)
- Backrohr auf 160 °C Heißluft vorheizen.
- Palatschinken nach Anleitung backen und vier kleine, gut ausgebutterte Portionsförmchen damit auslegen.
- Etwas Forellenfarce auftragen, die beiden restlichen Forellenfilets teilen, jeweils als Einlage hineingeben und mit Farce abdecken. Jeweils mit 1 EL Obers übergießen und im heißen Rohr 20 Minuten garen. Dabei werden die Palatschinken außen knusprig, in der Form bleiben sie weich.
- Dann stürzen und nach Belieben mit Schnittlauchsprossen sowie Friséesalat garnieren.

VORBEREITUNGSZEIT: 20 Minuten (räuchern und Palatschinken backen)
GARZEIT: 20 Minuten im Rohr
BACKROHRTEMPERATUR: 50 °C zum Räuchern, danach 160 °C Heißluft
BEILAGENEMPFEHLUNG: mit frisch gehackter Dille vermengter Sauerrahm

DER SPEZIELLE TIPP: Selbst geräucherter Fisch schmeckt natürlich unvergleichlich besser als gekaufter Räucherfisch. Wer sich die Mühe ersparen will, ist mit gekauftem Räucherforellenfilet allerdings sicher auch nicht schlecht beraten.

Kochsalat mit Erbsen

ZUTATEN

- 1 Salatkopf
- 50 g Butter
- 50 g Mehl
- 500 ml Milch
- Salz, Muskatnuss
- 100 g gekochte Erbsen (evtl. tiefgekühlt)
- Schuss Essig

ZUBEREITUNG

- Salat putzen, zerteilen, fein schneiden und in Salzwasser kurz blanchieren (überbrühen).
- In Eiswasser abschrecken, herausnehmen und gut ausdrücken.
- In einem Topf Butter zerlassen, Mehl einstreuen und zu einer hellen Einmach anschwitzen.
- Mit Milch aufgießen, mit Salz sowie Muskatnuss würzen und mit dem Schneebesen gut glatt rühren. Etwa 15 Minuten langsam köcheln lassen.
- Dann nach Belieben durch ein Sieb seihen, nochmals aufkochen und Salat sowie die gekochten Erbsen einmengen. Mit einem Schuss Essig abschmecken.

VORBEREITUNGSZEIT: 10 Minuten
KOCHZEIT: 20 Minuten
VERWENDUNG: Kochsalat wird in der Wiener Küche oft als Beilage, etwa für Rindfleischgerichte, verwendet, gibt aber auch, beispielsweise mit einer rasch gebratenen Knackwurst, eine eigenständige, kleine Mahlzeit ab.

„Einbrennter" Kohlrabi

ZUTATEN

- 2 große oder 3 kleinere, nicht holzige Kohlrabi
- 1 Zwiebel
- 50 g Butter
- 50 g Mehl
- Spritzer Zitronensaft
- Schuss Weißwein
- 500 ml Gemüsefond (-suppe) oder Wasser
- 1 Becher Crème fraîche
- 100 g Dille
- Salz
- Muskatnuss
- Prise Zucker

ZUBEREITUNG

- Die Zwiebel sowie die Dille fein hacken.
- Kohlrabi schälen und stiftelig schneiden.
- In einem Topf die Butter schmelzen, Zwiebel zugeben und kurz anschwitzen.
- Dann das Mehl zugeben und unter wiederholtem Rühren zu einer Einbrenn hellbraun anrösten. Mit einem Schuss Weißwein und Zitronensaft ablöschen, mit Suppe oder Wasser aufgießen und mit Salz sowie Muskatnuss würzen.
- Nun den Kohlrabi zugeben und je nach Qualität 10–15 Minuten weich kochen lassen.
- Mit Salz und einer leichten Prise Zucker abschmecken.
- Crème fraîche glatt rühren, zugeben und alles noch einmal gut aufkochen lassen.
- Vor dem Servieren mit frisch gehackter Dille bestreuen.

VORBEREITUNGSZEIT: 5–10 Minuten
KOCHZEIT: 20 Minuten
VERWENDUNG: gilt in der Wiener Küche als ideale Beilage für klassische Siedefleischgerichte, passt aber auch zu pochiertem Fisch oder gebratenen Knackwürsten recht gut

Kürbisgulasch

ZUTATEN

- 500 g Muskat- oder Hokkaidokürbisfleisch
- 2 Zwiebeln
- 4 Knoblauchzehen
- 2 EL edelsüßes Paprikapulver
- Spritzer Essig
- 500 ml Gemüse-(oder Rind-)suppe oder Wasser
- 100 g Zucker
- 100 g gehackte Petersilie oder Dille
- 100 g Butter
- 250 g Sauerrahm
- 2 EL Mehl
- Salz, Pfeffer
- Majoran
- Kümmelpulver

ZUBEREITUNG

- Den Kürbis in mundgerechte Würfel schneiden. Den Knoblauch sehr fein hacken oder zerdrücken, die Zwiebeln feinwürfelig schneiden.
- In einem Topf die Butter schmelzen lassen und die Zwiebeln hell anschwitzen. Knoblauch zugeben und ebenfalls kurz anschwitzen.
- Dann Paprikapulver einrühren, rasch mit einem Spritzer Essig ablöschen und mit Suppe oder Wasser aufgießen. Mit Salz, Pfeffer, Majoran und Kümmel würzen, einmal aufkochen lassen.
- Nun die Kürbiswürfel zugeben und zugedeckt bei mittlerer Hitze etwa 20 Minuten weich kochen.
- Währenddessen den Rahm mit Mehl glatt rühren.
- Dann Rahm-Mehl-Gemisch unter den Kürbis rühren und nochmals 10 Minuten köcheln lassen.
- Abschließend mit Zucker, Salz, Pfeffer und gehackter Petersilie abschmecken.

VORBEREITUNGSZEIT: 10 Minuten
GARZEIT: 30 Minuten

Semmelkren

ZUTATEN

- 500 ml Rindsuppe
- 3 altbackene Semmeln
- 100 ml Schlagobers
- 100 g frisch geriebener Kren
- 100 g gehackte Petersilie
- Salz, Pfeffer
- Butter zum Rösten

ZUBEREITUNG

- Die Semmeln kleinwürfelig schneiden und kurz in Butter knusprig rösten. Vom Feuer nehmen.
- Die Suppe in einem Topf aufkochen, die Semmelwürfel zugeben und in der Suppe weich kochen. Währenddessen gut dabei versprudeln, damit die Masse schön sämig wird.
- Mit frisch geriebenem Kren, Salz, Pfeffer und gehackter Petersilie abschmecken.
- Abschließend Obers einrühren.

VORBEREITUNGSZEIT: 10 Minuten
KOCHZEIT: 10–12 Minuten
DER SPEZIELLE TIPP: Semmelkren gilt als klassische Beilage in der Wiener Rindfleischküche, wird aber auch zum Überbacken, etwa der Fledermaus, verwendet. Besonders fein schmeckt Semmelkren, wenn Sie ihn mit etwas Sauerrahm sowie Eidotter überbacken und dabei noch etwas geriebenen Käse darüberstreuen.

SÄTTIGUNGSBEILAGEN

Butternockerl (Nockerl)

ZUTATEN

6 Eier
400–500 g griffiges Mehl (je nach Größe der Eier)
Schuss Öl
Salz, Muskatnuss
Butter zum Schwenken

ZUBEREITUNG

- Die ganzen Eier mit Salz und Muskatnuss versprudeln.
- Einen Schuss Öl und so viel griffiges Mehl einrühren, bis eine zähe Masse entsteht.
- In einem Topf reichlich Salzwasser mit etwas Butter aufkochen und den Teig durch ein Nockerlsieb hineindrücken (oder vom Schneidbrett direkt hineinschaben). Umrühren, aufsteigen lassen und abschöpfen.
- In heißer Butter schwenken und nochmals abschmecken.

VORBEREITUNGSZEIT: 5 Minuten
KOCHZEIT: 3–5 Minuten
DER SPEZIELLE TIPP: Diese Nockerl habe eine besonders schöne gelbe Farbe, da der Teig nicht durch Milch verdünnt wurde.

Serviettenknödel

ZUTATEN

1 Toast- oder Kastenbrotwecken
2 Eier
2 Eidotter
100 g flüssige Butter
1/16 l (60–70 ml) Schlagobers
1/16 l (60–70 ml) Milch
Salz, Muskatnuss
Mehl nach Bedarf

ZUBEREITUNG

- Den Brotwecken entrinden und in große Würfel schneiden.
- Die restlichen Zutaten gut verrühren, würzen und über die Brotwürfel gießen. Kurz ziehen lassen.
- Die Masse durchkneten und, falls sie zu weich ist, mit 2 EL Mehl leicht stauben.
- Die Masse in zwei Hälften teilen und diese auf je ein großes Stück Klarsichtfolie jeweils im unteren Drittel auftragen. Mit Folie und Tuch vorsichtig zu einer Rolle formen und straff einrollen. Die Enden gut mit Spagat fixieren.
- In kochendem Salzwasser ca. 25 Minuten zugedeckt bei mittlerer Hitze kochen.

VORBEREITUNGSZEIT: 10 Minuten
KOCHZEIT: 25 Minuten
VERWENDUNG: Serviettenknödel sind immer dann gefragt, wenn es Saucen zum Auftunken gibt, also bei Ragout- und Schmorgerichten. Übrig gebliebene Knödel einfach in Scheiben schneiden und zu gerösteten Knödeln mit Ei verarbeiten.
DER SPEZIELLE TIPP: Für feine Topfen-Serviettenknödel mengen Sie unter die Masse noch 200 g Topfen. Für diese, aber auch für das Grundrezept können Sie statt selbst geschnittenen Brotwürfeln auch bereits fertige Semmelwürfel verwenden, wobei Sie möglicherweise die Zugabe von Flüssigkeit etwas erhöhen sollten.

Semmelknödel

ZUTATEN

- 400–500 g Semmelwürfel
- 200–250 ml Milch
- 2 Zwiebeln
- 4 Eier
- Majoran
- Salz, Pfeffer
- 100 g gehackte Petersilie
- 20–30 g zerlassene Butter
- Butterschmalz
- etwas Butter

ZUBEREITUNG

- Semmelwürfel in eine Schüssel geben und mit Milch übergießen. Dabei sollten alle Semmelwürfel mit Milch befeuchtet werden und nicht unbedeckt bleiben.
- Zwiebeln fein hacken und in Butterschmalz anschwitzen. Zerlassene Butter, Majoran, Salz sowie Pfeffer zugeben, durchrühren und wieder abkühlen lassen.
- Eier einmengen und die Masse unter die Brotwürfel mischen. Mit gehackter Petersilie abschmecken und zu einer feuchten, nicht zu matschigen Masse verarbeiten.
- Mit leicht befeuchteten Händen einen kleinen Probeknödel formen und gut festdrücken. (Die Oberfläche sollte nicht zu rissig sein.)
- In einem Topf reichlich Salzwasser mit etwas Butter aufkochen. Probeknödel einlegen. Schwimmt dieser rasch obenauf, dann ist die Masse in Ordnung. Sinkt der Knödel nach unten, dann ist die Masse zu nass und muss durch zusätzliche Semmelwürfel korrigiert werden.
- Aus der restlichen Masse mit feuchten Händen Knödel formen und in Salzwasser etwa 15 Minuten kochen. Herausheben und abtropfen lassen.

VORBEREITUNGSZEIT: 20 Minuten
KOCHZEIT: 15 Minuten

Palffyknödel

ZUTATEN

- 1 Wecken Weißbrot (ca. 1 kg)
- 2 Eier
- 2 Eidotter
- 1/16 l (60–70 ml) Milch
- 1/16 l (60–70 ml) Schlagobers
- 100 g flüssige Butter
- Salz, Muskatnuss
- möglichst intensive Rindsuppe zum Garen

ZUBEREITUNG

- Das Brot entrinden und in grobe Würfel schneiden.
- Eier mit Dottern, Milch, flüssigem Obers, Butter, Salz und Muskatnuss gut verschlagen oder aufmixen.
- Über die Brotwürfel gießen und ziehen lassen.
- Eine große Serviette oder ein Küchentuch auflegen, aus der Masse auf der Serviette einen Striezel formen und die Serviette straff zusammenrollen. Die Enden mit Küchengarn oder Spagat gut fixieren.
- In einem breiten Topf ausreichend viel Rindsuppe aufkochen, den Knödel einlegen und 20 Minuten langsam köcheln lassen.
- Herausheben, auspacken und in Scheiben schneiden.

VORBEREITUNGSZEIT: 15 Minuten
KOCHZEIT: ca. 20 Minuten, je nach Stärke eventuell auch länger
DER SPEZIELLE TIPP: Je intensiver die Rindsuppe schmeckt, desto besser schmecken danach die Knödel. Es soll sogar Anhänger der guten, alten Wiener Küche geben, die den Palffyknödel in einer dünnen Fleischsauce kochen.

Fischgerichte

Gebackener Karpfen

ZUTATEN

- **4 große oder 8 kleine Karpfenfilets (ca. 750 g)**
- **Salz, Pfeffer**
- **frisch gehackter Thymian**
- **Zitronensaft**
- **2 Eier**
- **Mehl und Semmelbrösel**
- **Pflanzenöl zum Herausbacken**
- **Zitronenspalten und Petersilie zum Garnieren**

ZUBEREITUNG

- Die Karpfenfilets mit einem scharfen Messer auf der Grätenseite schröpfen (regelmäßig fein einschneiden).
- Gut mit Salz sowie Pfeffer würzen. Mit etwas Zitronensaft beträufeln und mit frisch gehacktem Thymian einreiben.
- Kurz ziehen lassen.
- Eier verschlagen und die Karpfenfilets nacheinander zuerst in Mehl wenden, durch das Ei ziehen und in Semmelbröseln wälzen.
- In einer großen Pfanne reichlich Öl erhitzen und die Karpfenstücke darin auf beiden Seiten goldbraun backen. Herausheben und auf Küchenkrepp abtropfen lassen.
- Auf Tellern anrichten und mit Zitronenspalten und Petersilie garnieren.

VORBEREITUNGSZEIT: 10–15 Minuten
GARZEIT: 12–15 Minuten, je nach Stärke der Filets
BEILAGENEMPFEHLUNG: Petersilerdäpfel und grüner Salat oder Erdäpfelsalat mit Mayonnaise und Vogerlsalat

Serbischer Karpfen

ZUTATEN

- **4 große oder 8 kleine Karpfenfilets (ca. 750 g)**
- **4–6 Knoblauchzehen**
- **1 EL edelsüßes Paprikapulver**
- **Mehl**
- **Salz, Pfeffer**
- **100–130 g Butterschmalz oder Öl zum Braten**

ZUBEREITUNG

- Die Karpfenfilets der Quere nach regelmäßig einschneiden. Knoblauchzehen pressen.
- Fischfilets salzen, pfeffern und mit Knoblauch sowie Paprikapulver gut einreiben. In Mehl wenden.
- In einer passenden Pfanne Butterschmalz erhitzen und die Karpfenstücke darin knusprig braten. Dafür zuerst mit der Hautseite nach oben einlegen, dann wenden und auch diese Seite knusprig braten. Herausheben und auf vorgewärmten Tellern anrichten.

VORBEREITUNGSZEIT: 5–10 Minuten
GARZEIT: ca. 15 Minuten, je nach Stärke der Filets
BEILAGENEMPFEHLUNG: Petersilerdäpfel, grüner, Paradeiser-, Gurken- oder Vogerlsalat sowie Kräuterbutter

Wurzelkarpfen

ZUTATEN

- 4 schöne Karpfenfilets (ca. 700–800 g)
- 2 gelbe Rüben
- 2 Karotten
- ¼ Sellerieknolle
- 100 g Lauch
- 6–7 Pfefferkörner
- 2–3 Wacholder
- 2 Lorbeerblätter
- 250 ml Weißwein
- 500 ml Wasser
- 1 EL Zucker
- Salz, Pfeffer
- ½ Zitrone
- Butter
- frisch geriebener Kren nach Belieben zum Garnieren

ZUBEREITUNG

- Die Karpfenfilets mit einem scharfen Messer auf der Grätenseite schröpfen (regelmäßig fein einschneiden) oder bereits geschröpft kaufen.
- Für den Fischsud (Courtbouillon) die Hälfte des Gemüses blättrig schneiden.
- In einem Topf mit Wasser, Wein, Gewürzen, Zitronensaft sowie einer Prise Zucker aufstellen und aufkochen lassen. Etwa 15 Minuten einkochen lassen.
- Inzwischen die Karpfenfilets salzen und pfeffern.
- Nun Karpfen in den Sud hineinlegen, Hitze völlig reduzieren und auf kleinster Flamme 10–12 Minuten ziehen lassen.
- Währenddessen das restliche Gemüse in feine Streifen schneiden.
- In einer Pfanne etwas Butter erhitzen und die Gemüsestreifen darin kurz knackig anschwitzen. Mit Salz und Pfeffer abschmecken.
- Gegarte Karpfenstücke herausheben und jeweils in einem tiefen Teller anrichten. Mit dem bissfest gegarten Wurzelgemüse garnieren und mit etwas Sud übergießen. Nach Belieben mit mehr oder weniger frisch geriebenem Kren garnieren.

VORBEREITUNGSZEIT: 15 Minuten
KOCHZEIT: 30 Minuten
BEILAGENEMPFEHLUNG: Salzerdäpfel

Gebratener Karpfen mit Paprikagemüse

ZUTATEN

- **4 Karpfenfilets mit Haut zu je 150 g**
- **je 1 rote, gelbe und grüne Paprikaschote**
- **2 Zwiebeln**
- **8 Knoblauchzehen**
- **100 ml Gemüsefond oder -suppe**
- **1 TL edelsüßes Paprikapulver**
- **frisch gehackter Thymian**
- **Schuss Weißwein**
- **Zucker, Zitronensaft**
- **Salz, Pfeffer**
- **Olivenöl und Butterschmalz**
- **Mehl**

ZUBEREITUNG

- Die Karpfenfilets auf der Grätenseite schröpfen (regelmäßig fein einschneiden). Salzen, pfeffern und mit frisch gehacktem Thymian sowie Olivenöl gut einreiben. Ziehen lassen.
- Inzwischen Paprikaschoten entkernen, entstielen und ebenso wie die Zwiebeln in Streifen schneiden.
- Zwiebeln in Butterschmalz anschwitzen, Paprika zugeben und mitanschwitzen. Dann mit Gemüsefond sowie einem Schuss Weißwein aufgießen, Paprikapulver einrühren. Die Hälfte des Knoblauchs feinblättrig schneiden und ebenfalls zugeben. Mit Salz, Pfeffer, einer Prise Zucker, Zitronensaft würzen und nun alles 15 Minuten auf kleiner Flamme zugedeckt ziehen lassen.
- Inzwischen Öl in einer Pfanne erhitzen, Karpfenfilets auf der Hautseite mit Mehl einstauben, mit der bemehlten Seite nach unten einlegen und 4–5 Minuten knusprig braten. Restlichen Knoblauch pressen, auf den Karpfen auftragen, Karpfen wenden und noch weiter 2–3 Minuten ziehen lassen. Herausnehmen, mit Küchenkrepp abtupfen und auf dem Paprikagemüse anrichten.

VORBEREITUNGSZEIT: Fisch 10–15 Minuten schröpfen und marinieren, Gemüse 15 Minuten
GARZEIT: Fisch 10 Minuten, Gemüse 20 Minuten
BEILAGENEMPFEHLUNG: gekochte Erdäpfel, Erdäpfelstrudel, Reis

Knusprig gebratener Zander auf Erdäpfelgulasch

ZUTATEN

4 schöne Zanderfilets mit Haut zu je ca. 200 g
Erdäpfelgulasch (s. S. 100)
Rosmarin
Salz, Pfeffer
Olivenöl
Mehl
Paprikastreifen zum Garnieren
Butter

ZUBEREITUNG

- Das Erdäpfelgulasch wie beschrieben zubereiten.
- Inzwischen die Zanderfilets sorgfältig entgräten, waschen und trocken tupfen.
- Mit einem sehr scharfen Messer auf der Hautseite gleichmäßig einschneiden (schröpfen) und auf der Innenseite mit Rosmarin, Salz sowie Pfeffer gut würzen. Kurz ziehen lassen.
- Die Hautseite mit etwas Mehl bestreuen, das überschüssige Mehl wieder abklopfen.
- In einer Pfanne etwas Olivenöl erhitzen und die Filets zuerst auf der Hautseite kräftig anbraten, wenden und dann langsam fertig braten.
- Erdäpfelgulasch auf vorgewärmten Tellern anrichten und das gebratene Zanderfilet darauf platzieren. Mit in Butter geschwenkten Paprikastreifen garnieren.

VORBEREITUNGSZEIT: Erdäpfelgulasch ca. 30–35 Minuten, Zander ca. 20 Minuten
GARZEIT: 5–8 Minuten

In Rohschinken gebratener Zander mit geschmolzenen Paradeisern

ZUTATEN

4 schöne Zanderfilets (Mittelstücke) zu je ca. 180–200 g
4–8 Scheiben Rohschinken
1 Bund frisches Liebstöckel
Salz, Pfeffer
Butterschmalz

Für die geschmolzenen Paradeiser

ca. 20 St. Rispen-Paradeiser
Salz, Pfeffer
zerdrückte Knoblauchzehen nach Geschmack
1 EL brauner Zucker
1/16 l (60–70 ml) Olivenöl

ZUBEREITUNG

- Zunächst für die geschmolzenen Paradeiser das Backrohr auf 160 °C Heißluft vorheizen.
- Die Paradeiser von der Rispe lösen, mit Knoblauch, Salz und Pfeffer würzen. Zucker sowie Olivenöl untermengen und in eine gut gefettete Backform (oder Backblech) geben. Im heißen Backrohr ca. 12 Minuten braten.
- Währenddessen Zanderfilets salzen, pfeffern und mit Liebstöckelblättern belegen. Den Rohschinken auf die Arbeitsplatte legen, je ein Zanderfilet daraufsetzen und einwickeln.
- In einer Pfanne etwas Butterschmalz erhitzen und die Filets darin langsam auf beiden Seiten bei mäßiger Hitze braten.
- Die geschmolzenen Paradeiser auf Tellern anrichten. Gebratenen Zander nach Belieben einmal schräg aufschneiden und auf den Paradeisern anrichten.

VORBEREITUNGSZEIT: 10–15 Minuten
GARZEIT: Paradeiser 12–15 Minuten, Zander 8–10 Minuten
BACKROHRTEMPERATUR: 160 °C Heißluft
BEILAGENEMPFEHLUNG: Buttererdäpferl

Fischkuddelmuddel

Schill, Fogosch, Fogasch, Hechtbarsch, Zahnmaul – viele Bezeichnungen, die allerdings immer auf dasselbe Objekt der Begierde von Fischliebhabern zielen: auf den Zander. Die geographische Nähe zu Ungarn beschert dem ausgezeichneten Speisefisch, der als besonders kalorienarm gilt, speziell in Ost-Österreich eine Fülle von Namen: Schill dürfte nach Meinung mancher Etymologen auf das ungarische Wort Süllö zurückgehen, das sich wieder auf den türkischen Ausdruck für Zahn (Sela) bezieht. Aber auch Fogosch oder Fogasch basieren auf dem ungarischen Fogás, womit klar ersichtlich ist, dass ungarische Fischer Zander besonders gerne und oft aus den Fluten ziehen. Das taten ihre Wiener Kollegen um die Jahrhundertwende auch in einem solchen Maße, dass Habs und Rosner in ihrem Appetit-Lexikon 1894 stolz darauf hinwiesen, dass „keine Küche dem Schill (...) mehr Gerechtigkeit widerfahren lässt als die Wiener“.

Gebackene Forelle mit Salat gefüllt

ZUTATEN

4 küchenfertige Forellen (s. Tipp)

2 EL Olivenöl

etwas fein gehacktes Liebstöckel

Saft von 1 Zitrone

Salz, Pfeffer

Mehl, 2–3 Eier und Brösel zum Panieren

gemischter marinierter Blattsalat für die Füllung nach Belieben

Öl zum Herausbacken

ZUBEREITUNG

- Jede Forelle vom Rücken aus einschneiden und das Rückgrat samt Gräten vorsichtig herausschneiden. Dabei zurückgebliebene Gräten mit einer Pinzette sorgfältig entfernen.
- Fischfleisch mit Olivenöl, Salz, Pfeffer, Liebstöckel sowie Zitronensaft einreiben und die Forelle im Ganzen in Mehl, verschlagenem Ei sowie Bröseln so panieren, dass der Rücken offen bleibt, damit nach dem Frittieren der Salat hineingegeben werden kann.
- In einer tiefen Pfanne oder passendem Kochtopf reichlich Öl erhitzen und die Forellen darin knusprig und goldgelb herausbacken. Herausheben und abtropfen lassen.
- Den marinierten Salat in die Öffnung am Rücken platzieren und anrichten.

VORBEREITUNGSZEIT: ca. 20–45 Minuten, je nach Geschicklichkeit
GARZEIT: einige Minuten, je nach Hitze des Öls
BEILAGENEMPFEHLUNG: Petersilerdäpfel

DER SPEZIELLE TIPP: Wenn Sie das Auslösen der Forellen umgehen wollen, so panieren Sie einfach gut entgrätete Forellenfilets und garnieren diese dann mit dem marinierten Salat.

Flussbarsch mit Karotten-Ingwer-Püree und Erbsenschoten

ZUTATEN

- **4 schöne Filets vom Flussbarsch (Mittelstücke) mit Haut zu je ca. 200 g**
- **1–2 Handvoll Erbsenschoten**
- **Salz, Pfeffer**
- **Butter und Olivenöl**

Für das Püree

- **500 g Karotten**
- **100 g Ingwer**
- **1 TL Zucker**
- **1 TL Honig**
- **etwas Zitronensaft**
- **2 EL Crème fraîche**
- **Salz, Pfeffer**
- **Gemüsefond, -suppe oder Wasser zum Aufgießen**
- **Butter und/oder Öl**

ZUBEREITUNG

- Fischfilets in 12–16 kleine Streifen schneiden. Mit Salz und Pfeffer würzen.
- In etwas Öl auf der Hautseite scharf anbraten. Auf einem Teller warm stellen, am besten mit Alufolie abdecken und ziehen lassen.
- Nun für das Püree die Karotten in kleine Würferl schneiden. Ingwer schälen, reiben und mit den Karotten in etwas Fett anschwitzen. Mit wenig Fond oder Suppe aufgießen und die Karotten weich dünsten.
- Mit Salz, Pfeffer, Zucker, Honig sowie einem Spritzer Zitronensaft würzen. Crème fraîche zugeben und mit dem Stabmixer fein aufmixen. Nochmals abschmecken.
- Inzwischen die Erbsenschoten bissfest kochen, nach Belieben in feine Streifen schneiden oder ganz lassen. In Butter schwenken.
- Fertiges Püree auf warmen Tellern anrichten. Die Fischfilets daraufsetzen und mit den Erbsenschoten garnieren.

VORBEREITUNGSZEIT: 20 Minuten
GARZEIT: Karotten ca. 15 Minuten, Fisch ca. 5 Minuten

Saiblingsfilet mit Kohlrabi-Dill-Gemüse

ZUTATEN FÜR 2 GROSSE PORTIONEN ODER 4 ZWISCHEN-GERICHTE

2 küchenfertige Saiblinge à 300 g (oder 4 Filets)
2 Kohlrabi
1 kleiner Bund Dille
½ l Fischfond
Salz, Pfeffer
Muskatnuss
Msp. Curry
Zitronenpfeffer
2 EL Olivenöl

ZUBEREITUNG

- Saiblinge mit einem scharfen Messer filetieren. Die Gräten mit einer Pinzette sorgfältig herausziehen. Filets mit Salz, Zitronenpfeffer sowie Olivenöl marinieren und mit Klarsichtfolie abgedeckt bei Zimmertemperatur ca. 30 Minuten ziehen lassen.
- Währenddessen in einem Topf den Fischfond aufkochen. Kohlrabi schälen, in 3 mm dicke Scheiben schneiden und im Fischfond bissfest kochen. Herausheben und warm stellen.
- Fischfond weiter bis zur Hälfte einkochen lassen. Mit Salz, Pfeffer, Muskatnuss und etwas Curry abschmecken. Dille zupfen, einmengen und mit dem Stabmixer schaumig aufmixen.
- Inzwischen Saiblingsfilets entweder im Dampfgarer bei 95 °C ca. 12 Minuten garen oder eine Schale Wasser im Backrohr auf 180 °C erhitzen. Saiblingsfilets auf einer feuerfesten Platte hineinschieben und ca. 6–8 Minuten garen.
- Die warm gestellten Kohlrabischeiben auf vorgewärmten Tellern anrichten, mit Dillsauce übergießen und Saiblingsfilets daraufsetzen.

VORBEREITUNGSZEIT: 15 Minuten
GARZEIT: ca. 20 Minuten
BEILAGENEMPFEHLUNG: Salzerdäpfel oder Erdäpfelsoufflé
BACKROHRTEMPERATUR: 180 °C oder 95 °C Dampfgarer

Pochierter Waller
mit Paprikareis und Schnittlauchsud

ZUTATEN

4 schöne Wallerfilets ohne Haut (Mittelstücke vom Wels)
250 ml Weißwein
200 ml Fischfond
etwas Wurzelgemüse
1 Lorbeerblatt
5 Pfefferkörner
1 Schalotte oder kleine Zwiebel
Paprikareis (s. S. 169)

Für den Schnittlauchsud

100 g Schnittlauch
1/16 l (= ca. 60–70 ml) Haselnussöl oder anderes gutes aromatisches Öl
Salz, Muskatnuss

ZUBEREITUNG

- Zuerst für den Sud den Weißwein mit Fischfond, Wurzelgemüse, Schalotte, Lorbeerblatt sowie Pfefferkörnern aufkochen und 20 Minuten auf kleiner Flamme köcheln lassen. (Der Geschmack soll sich dabei gut auskochen.)
- Parallel dazu den Risotto wie beschrieben vorbereiten.
- Sud abseihen und auf etwa 60 °C temperieren (d. h. nicht richtig kochen lassen).
- Fischfilets vorsichtig einlegen und bei dieser Temperatur, also auf jeden Fall unter dem Siedepunkt, ca. 8 Minuten leicht ziehen, aber keinesfalls kochen lassen.
- Inzwischen für den Schnittlauchsud den Schnittlauch mit Haselnussöl fein aufmixen, leicht salzen und mit Muskatnuss würzen. Bei mäßiger Hitze nur leicht erwärmen, damit Eigengeschmack und Farbe nicht verloren gehen.
- Paprikareis auf vorgewärmten Tellern anrichten, das pochierte Wallerfilet daraufsetzen und mit etwas Schnittlauchsud beträufeln.

VORBEREITUNGSZEIT: 5 Minuten
GARZEIT: Paprikareis und Sud ca. 20 Minuten, Fischfilets ca. 8 Minuten

Schweinebauch mit gestürztem Kraut

ZUTATEN FÜR CA. 8 PORTIONEN

2 kg Schweinebauch mit Schwarte, aber ohne Knochen

gestürztes Kraut (s. S. 149)

Kümmel

zerdrückter Knoblauch nach Belieben

Salz

Mehl zum Stauben

Rindsuppe zum Aufgießen

ZUBEREITUNG

- In einer großen Pfanne oder Bratenform etwa fingerhoch Salzwasser aufkochen, Schweinebauch mit der Schwarte nach unten einlegen und 45 Minuten köcheln lassen.
- Das Backrohr auf 150–160 °C vorheizen.
- Schweinebauch aus dem Wasser heben, mit einem scharfen Messer schröpfen (regelmäßig einschneiden) und auf der Fleischseite gut mit Salz, Kümmel und Knoblauch würzen. Mit der Schwartenseite nach oben in eine Bratenform setzen und im heißen Backrohr 2–2 ½ Stunden braten.
- Inzwischen das gestürzte Kraut wie beschrieben zubereiten und im Backrohr so mitbraten, dass es etwa 15 Minuten vor Ende der Bratzeit fertig ist. Herausnehmen und warm halten.
- Nun Schwarte mit Salzwasser einstreichen und die letzten 10–12 Minuten bei 250 °C knusprig braten. Herausheben und 15 Minuten warm rasten lassen.
- Nach Belieben für ein feines Saftl Fett aus der Bratenform abgießen, Bratenrückstand mit etwas Mehl stauben, mit Rindsuppe aufgießen und kräftig aufkochen lassen.
- Schweinsbraten tranchieren und auf vorgewärmten Tellern anrichten. Kraut verkehrt auf die Teller stürzen und mit dem Saftl servieren.

VORBEREITUNGSZEIT: 45 Minuten
BRATZEIT: 2–2 ½ Stunden
BACKROHRTEMPERATUR: 150–160 °C und 250 °C

Gegrillter Schopfbraten mit Paprikagemüse

ZUTATEN FÜR 8–10 PORTIONEN

1 Schopfbraten mit 2–2,5 kg

Gewürzmischung für Bratenstücke (s. S. 403)

100 ml weißer Balsamicoessig

100 g brauner Zucker

Für das Paprikagemüse

je 1 rote, grüne und gelbe Paprikaschote

300 g Melanzani

300 g Zucchini

2 rote Zwiebeln

Thymian, Rosmarin etc.

Olivenöl

Meersalz

ZUBEREITUNG

- Schopfbraten mit der Gewürzmischung gut einreiben, in Klarsichtfolie einpacken und kühl 12 Stunden ziehen lassen.
- Aus dem Kühlschrank nehmen und 2 Stunden langsam Zimmertemperatur annehmen lassen. Das Backrohr auf 200 °C Grillstufe vorheizen.
- Braten mit der „schönen Seite“ nach unten in eine Bratenform setzen und im heißen Backrohr unter Zuschaltung der Grillstufe 1 Stunde grillen.
- Inzwischen für die Marinade Balsamicoessig und Zucker vermischen. Braten nach 1 Stunde wenden, mit der Marinade bestreichen und 1–1 ½ Stunden fertig braten. Währenddessen wiederholt bestreichen. (So ein Bratenthermometer zur Verfügung steht, Braten herausnehmen, sobald die Kerntemperatur 62 °C beträgt.) Braten in Alufolie hüllen und im abgeschalteten, leicht geöffneten Backrohr noch rasten lassen. (Die Kerntemperatur beträgt danach ca. 68 °C.)
- Währenddessen für das Gemüse Paprika entkernen und in Streifen schneiden. Zwiebeln, Melanzani und Zucchini in Scheiben schneiden. Alles mit Meersalz und Olivenöl gut durchmischen und die letzte halbe Stunde im Backrohr mitgrillen. Abschließend nochmals mit Olivenöl abrunden und mit Salz sowie Kräutern nach Wahl abschmecken.
- Den fertigen Braten tranchieren und mit dem Gemüse anrichten.

VORBEREITUNGSZEIT: 14 Stunden
BRATZEIT: 2 ½–3 Stunden inkl. Rastenlassen
BACKROHRTEMPERATUR: 200 °C Grillstufe
BEILAGENEMPFEHLUNG: Rosmarinerdäpfel (evtl. auch im Rohr gebraten)

TIPP: Steht Ihnen kein Backrohr mit Grillfunktion zur Verfügung, so braten Sie den Schopfbraten einfach konventionell.
Die Würzmischung wird auch in diesem Fall beste Dienste tun.

„O'prasselte" Schweinsfledermaus

ZUTATEN

1 kg Schweinsfledermäuse (Schweinefleisch vom Fledermausmuskel)

200 ml braune Grundsauce vom Schwein (s. S. 402)

2–3 zerdrückte Knoblauchzehen nach Belieben

Zitronenpfeffer, frischer Thymian

Salz

Mehl zum Wenden

Öl

Butterflocken

ZUBEREITUNG

- Das Fleisch gut zuputzen und dabei Fett sowie Sehnen sorgfältig entfernen. Fleisch leicht klopfen und mit Zitronenpfeffer, frischem Thymian sowie Salz würzen. Etwa 10 Minuten ziehen lassen.
- Dann in Mehl wenden und in heißem Öl rasch auf beiden Seiten anbraten. Wieder herausnehmen. Fett abgießen, mit brauner Grundsauce aufgießen und aufkochen lassen.
- Nun die Flüssigkeit in einen Topf seihen und die Fledermäuse einlegen. Mit einigen Butterflocken abdecken, Knoblauch darüber verteilen und bei kleiner Hitze zugedeckt etwa 6–8 Minuten ziehen lassen.

VORBEREITUNGSZEIT: 30 Minuten
KOCHZEIT: 10–15 Minuten
BEILAGENEMPFEHLUNG: Dillfisolen (s. S. 155) und Erdäpfelrösti (s. S. 164)

Nur fliegen können sie nicht

Zugegeben, es mag schon ein wenig kurios klingen, sich auf eine *gebratene Fledermaus* zu freuen. Doch was wie ein schlechter Scherz klingt, gilt unter passionierten Rindfleischliebhabern als wahre Delikatesse. Sie schätzen das besonders mürbe und folglich auch recht weiche Fleisch des so genannten *Fledermausmuskels* aus dem Lendenbereich des Rinds, das letztlich der *Wiener Rindfleischteilung* zu verdanken ist. Damit bezeichnet man die ganz besondere Art und Weise, wie in Wien das Fleisch geschlachteter Rinder geteilt und für den Konsumenten vorbereitet wird. Wadschunken, Bratzel, Zapfen, G'schnattes, Schwanzel, Hieferschwanzel, Ortsschwanzel und eben auch die Fledermaus sind neben vielen anderen abenteuerlich klingenden Namen Fixsterne am Himmel der Wiener Rindfleischküche. Was läge daher also näher, als diesen Erfolg auch auf das Schweinefleisch umzulegen? Also finden sich auf dem Speiseplan ambitionierter Profi- und Hobbyköche immer öfter schweinerne Fledermäuse, die rasch abgebraten genauso gut schmecken wie kurz pochiert und mit der klassischen Kren-Gratiniermasse überbacken. Nur eines können weder die Fledermäuse vom Rind noch jene vom Schwein: fliegen.

Schweinslungenbraten Colbert mit Rahmerdäpfeln

ZUTATEN

800 g Schweinslungenbraten
Rahmerdäpfel (s. S. 168)
ca. 6 Kohlblätter
1 Schweinsnetz (ca. 200 g)
200 g Duxelles (s. S. 405)
200 ml braune Grundsauce vom Schwein (s. S. 402) oder kräftiger Fond
2 Knoblauchzehen
Salz, Pfeffer
Butter oder Öl

ZUBEREITUNG

- Duxelles rechtzeitig vorbereiten und kalt stellen. Rahmerdäpfel ebenfalls vorbereiten, das Schweinsnetz wässern.
- Den Schweinslungenbraten gut zuputzen, salzen, pfeffern und in Öl kurz anbraten. Vom Feuer nehmen und warm halten.
- Das gewässerte Netz ausdrücken, trocken tupfen und auflegen.
- Die Kohlblätter kurz in Salzwasser blanchieren (überbrühen), ebenfalls trocken tupfen und den harten Teil entfernen. Zart platt klopfen und auf das Netz legen. Mit Duxelles bestreichen.
- Backrohr auf 160 °C vorheizen.
- Den Schweinslungenbraten mit Küchenkrepp trocken tupfen, auflegen und fest in das Netz einschlagen.
- In Butter oder Öl kurz anbraten, ins heiße Rohr schieben und ca. 15 Minuten braten. Herausnehmen und rasten lassen.
- Währenddessen das Fett aus dem zurückgebliebenen Bratensatz abgießen. Grundsauce zugießen und den Bratenrückstand lösen. Sauce abseihen und in einen Topf geben. Knoblauchzehen in Scheiben schneiden, zugeben und kurz mitziehen lassen.
- Schweinslungenbraten aufschneiden, auf den fertigen Rahmerdäpfeln anrichten und mit der Sauce beträufeln.

VORBEREITUNGSZEIT: 40 Minuten, Duxelles und Rahmerdäpfel jeweils 30 Minuten
GARZEIT: 15–20 Minuten
BACKROHRTEMPERATUR: 160 °C

„O'prasseltes" Schulterscherzerl mit Jungzwiebeln

ZUTATEN FÜR CA. 6 PORTIONEN

1,5 kg Schulterscherzerl vom Rind (oder anderes Stück zum Dünsten)
200 g Wurzelgemüse
¼ l Rubin Carnuntum (oder anderer kräftiger Rotwein)
2 l Rindsuppe
2 Thymianzweigerl
2 EL Öl
Senf zum Würzen
Salz, Pfeffer
Weißbrotbrösel, Butterschmalz

Für die Garnitur

1 Bund Jungzwiebeln
Butter

ZUBEREITUNG

- Wurzelgemüse kleinwürfelig schneiden. Schulterscherzerl von Sehnen und Haut befreien und schön zuputzen. Salzen, pfeffern und mit Senf einreiben.
- In einer Pfanne in etwas Öl rundherum anbraten.
- Mit Rotwein ablöschen, mit Rindsuppe aufgießen und Thymianzweigerl sowie Wurzelgemüse zugeben. Fleisch langsam ca. 2 ½ Stunden köcheln, bis das Schulterscherzerl schön weich ist. Dabei aber nicht in zu viel Flüssigkeit dünsten lassen, sondern lieber wiederholt bei Bedarf Flüssigkeit nachgießen.
- Schulterscherzerl herausnehmen und warm stellen.
- Die Sauce einkochen lassen, aufmixen und dann passieren.
- Inzwischen die Jungzwiebeln in feine Streifen schneiden und kurz in Butter schwenken.
- Schulterscherzerl in daumendicke Scheiben schneiden, in Bröseln wenden und in einer Pfanne in heißem Butterschmalz beidseitig kurz „o'prasseln" (abbraten). Auf vorgewärmten Tellern anrichten und mit den sautierten Jungzwiebeln garnieren.

VORBEREITUNGSZEIT: 5 Minuten
KOCHZEIT: ca. 2 ½ Stunden
BEILAGENEMPFEHLUNG: Erdäpfelstrudel (s. S. 166)

Gekochtes Schulterscherzerl mit Semmelkren

ZUTATEN FÜR 6 PORTIONEN

1,5 kg Schulterscherzerl vom Rind (oder anderes Rindfleisch zum Dünsten)

3–4 l Rindsuppe (s. Tipp)

1–2 Karotten und 1 gelbe Rübe für die Garnitur

frisch gehackter Schnittlauch

Semmelkren (s. S. 158)

ZUBEREITUNG

- Das Fleisch gut zuputzen und in einem Topf in der Rindsuppe ca. 2 ½ Stunden weich kochen.
- Dabei die Karotten und die gelbe Rübe in Stiftchen schneiden und einige Zeit lang mitkochen, bis das Gemüse bissfest ist. Herausheben und warm halten.
- Das weich gekochte Fleisch herausheben, in Scheiben schneiden und mit dem vorbereiteten Semmelkren anrichten.
- Mit Wurzelgemüse garnieren und vor dem Servieren mit frisch geschnittenem Schnittlauch bestreuen.

KOCHZEIT: ca. 2 ½ Stunden
BEILAGENEMPFEHLUNG: Rösterdäpfel oder Erdäpfelstrudel, Cremespinat, Dillfisolen

DER SPEZIELLE TIPP: Steht Ihnen keine fertige Rindsuppe zur Verfügung, so setzen Sie einfach reichlich Wasser auf, rösten eine halbierte Zwiebel ohne Fett kräftig an und geben diese, gemeinsam mit Wurzelgemüse, einigen Pfefferkörnern sowie einem Lorbeerblatt zu und kochen das Fleisch darin weich. Tafelspitz bereiten Sie nach demselben Rezept zu, nur wird dafür das noch edlere Stück vom Rind, eben der echte Tafelspitz gekocht.

Tafelspitz

ZUTATEN FÜR CA. 8 PORTIONEN

1 Tafelspitz (wenn möglich vom jungen Stier) mit ca. 1,8–2,2 kg

1 Wurzelgemüse (s. Tipp)

einige Pfefferkörner

2 Lorbeerblätter

1 Zwiebel

½ Muskatnuss

Salz

ZUBEREITUNG

- In einem großen Topf reichlich Wasser aufstellen und aufkochen lassen.
- Inzwischen Fleisch und Gemüse waschen, das Gemüse grob würfeln.
- Die Zwiebel halbieren und an den Schnittflächen in einer Pfanne ohne Fett ziemlich dunkel anrösten.
- Nun Gemüse sowie Pfefferkörner, Lorbeerblätter, Muskatnuss und die Zwiebelhälften in den Topf geben und aufkochen.
- Tafelspitz einlegen, aufkochen und währenddessen eventuell aufsteigenden Schaum mit einem Schaumlöffel abschöpfen. Auf kleiner Flamme zugedeckt 1 ½–2 Stunden weich kochen. Dabei vor allem während der ersten 1 ½ Stunden nicht anstechen, damit kein Fleischsaft austreten kann.
- Tafelspitz herausheben und quer zur Faser aufschneiden. Übrig gebliebene Rindsuppe abseihen, mit Salz abschmecken und nach Belieben den Tafelspitz in einer dekorativen Schüssel mit Rindsuppe übergossen auftragen.

VORBEREITUNGSZEIT: 10 Minuten
GARZEIT: ca. 2 Stunden
BEILAGENEMPFEHLUNG: Apfel- oder Oberskren, Schnittlauchsauce, Rösterdäpfel, Cremespinat, Dillfisolen

DER SPEZIELLE TIPP: Geben Sie dem Wurzelgemüse nicht zu viel Sellerie und beim Kochen keinesfalls Salz zu, da dies die schöne Farbe des Fleisches unansehnlich verändern würde. Möchten Sie Wurzelgemüse mitservieren, so sollten Sie dieses entweder früher herausheben, sobald es bissfest gekocht ist, oder aber am besten etwas Gemüse separat bissfest garen.

Beinfleisch

ZUTATEN

1 kg Beinfleisch vom Rind (Siedefleisch mit Knochen)
1 gelbe Rübe
1 Karotte
¼ Sellerieknolle
1 Stück Lauch
1 Zwiebel
einige Pfefferkörner
2 Lorbeerblätter
½ Muskatnuss
Salz, Pfeffer
Butter
etwas Wurzelgemüse für die Garnitur
frisch geriebener Kren zum Garnieren

ZUBEREITUNG

- Das Fleisch gut waschen.
- Die Zwiebel halbieren und ohne Fett in einer Pfanne dunkelbraun rösten. Wieder herausnehmen.
- Gemüse in grobe Würfel schneiden und mit der angerösteten Zwiebel sowie den Gewürzen in reichlich Wasser aufkochen lassen.
- Beinfleisch einlegen und 2–2 ½ Stunden, je nach Qualität, so weich kochen, dass sich das Fleisch von den Knochen lösen lässt.
- Währenddessen das Wurzelgemüse für die Garnitur in sehr feine Streifen schneiden und kurz in etwas Butter bissfest anschwitzen.
- Fleisch herausheben und in Scheiben schneiden. Mit Salz sowie Pfeffer würzen und in tiefen Tellern anrichten. Verbliebene Rindsuppe ebenfalls würzen.
- Das bissfest gegarte Wurzelgemüse auf dem Beinfleisch anrichten, mit etwas Rindsuppe übergießen und nach Belieben mehr oder weniger großzügig mit frisch geriebenem Kren garnieren.

VORBEREITUNGSZEIT: 10 Minuten
GARZEIT: 2–2 ½ Stunden
BEILAGENEMPFEHLUNG: Salzerdäpfel, Dillfisolen oder Kohlrabi

1 **Lungenbraten** Dünsten, Braten, Grillen
2 **Beiried** Dünsten, Braten, Grillen
3 **Rostbraten** Dünsten, Braten, Grillen
4 **Tafelspitz** Dünsten, Braten
5 **Tafelstück** Dünsten, Braten
6 **Weißes Scherzel** Dünsten, Kochen
7 **Hüferscherzel** Dünsten, Braten, Kochen, Grillen
8 **Hüferschwanzel** Dünsten, Kochen
9 **Nuss** Dünsten, Braten, Grillen
10 **Schale** Dünsten, Braten
11 **Mageres Meisel** Dünsten, Braten, Grillen
12 **Schulterscherzel** Dünsten, Braten
13 **Dicke Schulter** Dünsten, Kochen
14 **Hinteres Ausgelöstes** Dünsten, Kochen, Grillen
15 **Kavalierspitz** Kochen
16 **Kruspelspitz** Kochen
17 **Rieddeckel**
18 **Brustkern** Kochen
19 **Beinfleisch** Kochen
20 **Hals** Kochen
21/22 **Vorderer und hinterer Wadschunken** Kochen
23 **Bugscherzel**
24 **Wadelstutzen**
25 **Riedhüfel**
26 **Mittleres und dünnes Kügerl**
27 **Bauchfleisch**
28 **Fledermaus**
29 **Schlepp**

TEILSTÜCKE VOM RIND

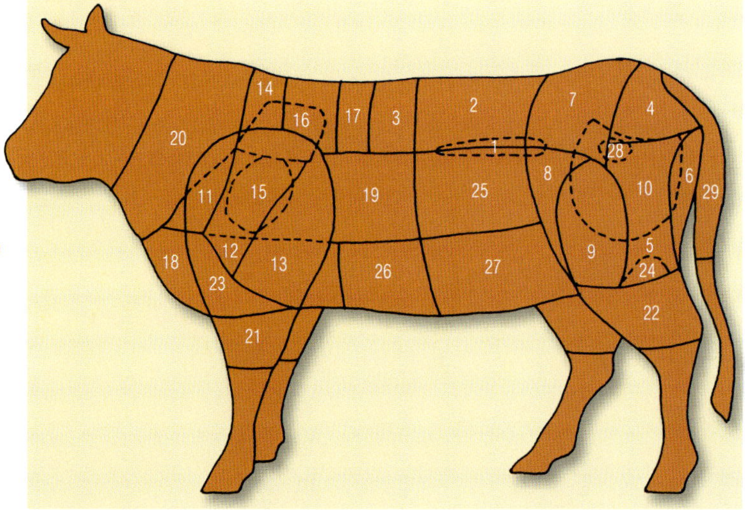

Rindsrouladen mit Butternockerln

ZUTATEN

4 schöne Rindsschnitzel (Scheiben vom Tafelstück) zu je 150 g
8 Scheiben Hamburger- oder Frühstücksspeck
1 Zwiebel
1 Karotte
1 gelbe Rübe
1 Essiggurkerl
1 EL Kapern
200 ml Grundsauce vom Rind (s. S. 402)
200 ml Rotwein
200 ml Wasser
1 Lorbeerblatt
Salz, Pfeffer
Senf
Mehl zum Stauben
Öl und Butter
Butternockerl (s. S. 159)

ZUBEREITUNG

- Die Rindsschnitzerl dünn klopfen und auflegen. Salzen, pfeffern und mit Senf bestreichen. Mit je 2 Speckscheiben belegen.
- Karotte sowie gelbe Rübe stiftelig schneiden, Zwiebel in Streifen schneiden und alles gemeinsam in etwas Butter anschwitzen. Kurz bissfest dünsten.
- Gemüse wieder herausheben und auf die Rouladen verteilen, das Gurkerl kleiner schneiden, Kapern fein hacken und alles über das Gemüse streuen. Fleisch auf den Seiten einklappen und eng zu Rouladen einrollen. Alle vier Rouladen hintereinander mit einem Holzspieß aufspießen, sodass sie aneinanderliegen.
- Backrohr auf 180 °C vorheizen.
- Rouladen salzen, in Mehl wenden und in heißem Öl kurz, aber scharf anbraten. In eine Bratenform geben.
- Zurückgebliebenen Bratensaft abgießen, den Bratenrückstand mit etwa einem Teelöffel Mehl stauben, mit Wein ablöschen und aufkochen. Lorbeerblatt zugeben, mit Bratensauce sowie Wasser auffüllen, nochmals aufkochen lassen und die Sauce über die Rouladen gießen. Zugedeckt im heißen Rohr 35–40 Minuten im eigenen Saft garen.
- Rouladen herausnehmen, den Spieß herausziehen und Rouladen warm stellen. Saft abseihen, durchkochen und auf die gewünschte Konsistenz einkochen. Das eventuell übrig gebliebene Gemüse kurz in Butter anschwitzen und die Rouladen damit garnieren.
- Mit den vorbereiteten Nockerln servieren.

VORBEREITUNGSZEIT: 25 Minuten
KOCHZEIT: 1 Stunde inkl. Sauce
BACKROHRTEMPERATUR: 180 °C

Rindsbraten „Harlekin“

ZUTATEN

1 kg Rindsbraten (Tafelstück)
100 g Karotten
100 g Selchspeck
2 Zwiebeln
6 Knoblauchzehen
1 kleiner Bund Petersilie
2 Lorbeerblätter
10 Pfefferkörner
5 Wacholderbeeren
1 KL Paradeisermark
Speckreste nach Belieben
500 ml Rotwein
1 l Gemüsesuppe
Senf
Salz, Pfeffer
Öl

Für die Sauceneinlage

150 g Speckwürferl
25–30 eingelegte Perlzwieberl
200 g Champignons

ZUBEREITUNG

- Karotten und Selchspeck in längliche, etwa 3 x 3 mm starke Stäbchen schneiden. Flach auflegen und tiefkühlen, bis sie etwas fester geworden sind.
- Dann in den Rindsbraten mit einem langen, schmalen Messer von oben nach unten schräg verlaufende Löcher stechen und abwechselnd Karotten- und Speckstifte hineinschieben.
- Zwiebeln grob schneiden, Knoblauchzehen halbieren.
- Das Fleisch rundum salzen, pfeffern, mit Senf einreiben und in heißem Öl kurz auf allen Seiten anbraten. Wieder herausheben.
- Nun Zwiebeln, Knoblauch, Petersilie, Gewürze sowie Speck nach Belieben in den Bratenrückstand geben und ebenfalls kräftig anrösten. Paradeisermark einrühren, mit Rotwein ablöschen und mit Gemüsesuppe aufgießen. Rindsbraten wieder zugeben und bei mittlerer Hitze zugedeckt etwa 1 ½ Stunden weich schmoren. Währenddessen wiederholt wenden und bei Bedarf Flüssigkeit nachgießen.
- Ist das Fleisch wirklich weich, den Braten herausheben und in Alufolie gehüllt warm halten.
- Verbliebene Sauce aufmixen, passieren und abschmecken. Dabei nach Belieben einen Schuss der Perlzwieberlflüssigkeit zugießen.
- Champignons vierteln und mit Speckwürfeln und Perlzwieberln in etwas Öl rasch anbraten. Unter die Sauce mischen.
- Rindsbraten aufschneiden und mit der fertigen Sauce servieren.

VORBEREITUNGSZEIT: 30 Minuten
GARZEIT: ca. 1 ½–2 Stunden
BEILAGENEMPFEHLUNG: Böhmische, Servietten- oder Semmelknödel, Erdäpfelpuffer etc.

Krenfleisch vom Rind

ZUTATEN

- **1 kg Rindfleisch (Wadschunken, siehe dazu auch Tipp)**
- **300 g Zwiebeln**
- **200 g Kren**
- **500 ml Rotwein**
- **500 ml brauner Fond oder Rindsuppe**
- **100 g Speckwürfel**
- **2–3 Lorbeerblätter**
- **2–3 Knoblauchzehen**
- **Salz, Pfeffer**
- **Schweineschmalz oder Öl**
- **frisch geriebener Kren zum Garnieren**

ZUBEREITUNG

- Das Rindfleisch zuputzen und in Würfel schneiden.
- Zwiebeln in feine Würfel schneiden und in heißem Schmalz oder Öl anrösten.
- Speckwürfel zugeben, mitrösten und dann das Fleisch einmengen. Kren raspeln oder feinwürfelig schneiden und zugeben. Kurz durchrösten.
- Mit Rotwein ablöschen, mit Fond oder Suppe aufgießen. Lorbeerblätter, Knoblauch, Salz sowie Pfeffer hinzufügen und alles bei mittlerer Hitze zugedeckt ca. 1–1 ½ Stunden weich kochen.
- Ist das Fleisch wirklich weich, herausheben und warm halten. Übrig gebliebene Sauce aufmixen und in einen anderen Topf passieren. Fleisch wieder einlegen, nochmals kurz erhitzen und portionsweise in vorgewärmten Tellern anrichten. Vor dem Servieren mit frisch geriebenem Kren garnieren.

VORBEREITUNGSZEIT: 15 Minuten
KOCHZEIT: ca. 1 ½ Stunden
BEILAGENEMPFEHLUNG: Bandnudeln oder Bröselknödel

DER SPEZIELLE TIPP: In der bäuerlichen Küche wird das Krenfleisch meist aus eher fetterem Schweinefleisch zubereitet, zu dem der scharfe Kren einen erfrischenden Gegenakzent setzt. Aber auch zum dezenteren Rindfleisch passt das Krenaroma hervorragend. Eine völlig andere, sprich: angenehme herbe, Geschmacksnote verleihen Sie dem Gericht, wenn Sie statt mit Wein mit Bier aufgießen.

Pochierter Rindslungenbraten mit Rahmsauce und Palffyknödel

ZUTATEN

600 g Rindslungenbraten im Ganzen
Senf
Salz, Pfeffer
Öl
Palffyknödel (s. S. 160)

Für die Rahmsauce

100 g Zwiebeln
250 g Sauerrahm
250 ml Rindsuppe
frischer Thymian
Lorbeerblatt, Pfefferkörner
1 EL Mehl
Schweineschmalz

ZUBEREITUNG

- Den Rindslungenbraten zuputzen, salzen, pfeffern und mit Senf einreiben.
- In einer Pfanne in etwas heißem Öl rundum kurz anbraten. Wieder herausheben und gut, am besten zweimal, in Klarsichtfolie einhüllen. In einem breiten Topf Wasser auf 56–60 °C erhitzen, das Fleisch einlegen und ca. 40 Minuten pochieren.
- Palffyknödel wie beschrieben zubereiten und ebenfalls garen.
- Inzwischen für die Rahmsauce Zwiebeln fein schneiden und in heißem Schmalz anschwitzen. Thymian, Lorbeerblatt sowie Pfefferkörner zugeben und mit Mehl leicht stauben. Mit Suppe aufgießen und den Rahm einrühren.
- Bei mittlerer Hitze langsam etwa 20 Minuten einkochen. Dann abseihen und abschmecken. Bei Bedarf noch sämig einkochen.

VORBEREITUNGSZEIT: Fleisch 5 Minuten, Knödel 15 Minuten
KOCHZEIT: Fleisch 40 Minuten, Rahmsauce 25 Minuten, Knödel 20 Minuten
GARNITUREMPFEHLUNG: gedünstetes Wurzelgemüse

DER SPEZIELLE TIPP: Wenn Sie das Fleisch statt in Wasser in Rindsuppe garen, ist es kein Malheur, wenn die Folie platzen sollte.

Pfeffersteak

ZUTATEN

4 Steaks vom Rindslungenbraten (à ca. 200 g)
100 g Champignons
2 Schalotten
1 EL grüne Pfefferkörner in der Lake
1 TL Senf
100 ml Schlagobers
Salz, Pfeffer
Olivenöl

Für die Garnitur

100 g frischer Blattspinat
Salz
Butter

ZUBEREITUNG

- Steaks rechtzeitig aus dem Kühlschrank nehmen und langsam Raumtemperatur annehmen lassen.
- Backrohr auf 160 °C vorheizen.
- Nun Steaks salzen, pfeffern und mit Olivenöl einreiben. In einer sehr heißen Pfanne auf jeder Seite je 2 Minuten braten. Ins heiße Rohr schieben und weitere 5–6 Minuten garen. Wieder herausnehmen und in Alufolie gehüllt 8–10 Minuten warm rasten lassen.
- Währenddessen Champignons und Schalotten feinwürfelig schneiden.
- Das Fett aus dem Bratenrückstand abgießen und die Schalotten im Bratenrückstand anschwitzen. Champignons einmengen und so lange anrösten, bis das Wasser verdunstet ist.
- Nun Pfefferkörner einrühren, mit Salz, Pfeffer und Senf abschmecken und nochmals kurz durchrösten. Obers zugießen, kurz aufköcheln und sämig einkochen lassen.
- Parallel dazu den Spinat waschen, abtropfen lassen und in etwas Butter so lange anschwitzen, bis er zusammenfällt. Salzen.
- Die Steaks aus der Folie nehmen, auf vorgewärmten Tellern anrichten und mit der Sauce beträufeln.

VORBEREITUNGSZEIT: 1 Stunde abgedeckt Raumtemperatur annehmen lassen
GARZEIT: 9–10 Minuten braten, 8–10 Minuten rasten lassen
BACKROHRTEMPERATUR: 160 °C
BEILAGENEMPFEHLUNG: Erdäpfelstrudel (s. S. 166)

Entrecôte double

ZUTATEN

1 Entrecôte (Zwischen-rippenstück, Beiried) mit ca. 800 g
100 ml Balsamicoessig
100 ml Grundsauce vom Rind oder Kalb (s. S. 402)
2 Knoblauchzehen
frischer Thymian
Zucker
Zitronensaft
Meersalz, Pfeffer
Olivenöl und Öl

ZUBEREITUNG

- Das Entrecôte mit Meersalz, frischem Pfeffer aus der Mühle, Thymian sowie Olivenöl einreiben und etwa 2 Stunden ziehen lassen, bis das Fleisch Raumtemperatur angenommen hat.
- Das Backrohr auf 180 °C vorheizen.
- In einer feuerfesten Pfanne das Entrecôte in heißem Öl von beiden Seiten 4 Minuten scharf anbraten. Ins heiße Rohr schieben und weitere 25 Minuten braten.
- Herausheben und in Alufolie gehüllt 10–15 Minuten rasten lassen.
- Währenddessen den Bratenrückstand entfetten, mit Balsamicoessig aufgießen und den Knoblauch hineinpressen. Bratensauce zugießen, einmal aufkochen lassen und mit Salz sowie einer Prise Zucker abschmecken. Einköcheln und abseihen (die Sauce sollte dann ziemlich reduziert sein und kräftig schmecken).
- Entrecôte vor dem Aufschneiden mit etwas Zitronensaft und Olivenöl beträufeln. Meersalz darüberstreuen und am besten erst bei Tisch tranchieren. Die Beilagen nach Wahl dazu servieren.

VORBEREITUNGSZEIT: 2 Stunden ziehen lassen
GARZEIT: 50 Minuten inkl. Rastenlassen
BACKROHRTEMPERATUR: 180 °C
GARNITUREMPFEHLUNG: englisches Gemüse, Broccoli, Mini-Kürbis, Spargel, Sauce béarnaise (s. S. 172), Braterdäpfel, Erdäpfelauflauf

Wiener Schnitzel

ZUTATEN

4 schöne Kalbsschnitzerl aus der Schale (ersatzweise Schweinsschnitzel) zu je ca. 150 g

4 Eier

glattes Mehl

reichlich Semmelbrösel

Salz

Butterschmalz oder Öl zum Herausbacken

Zitronenspalten und Petersilie als Garnitur

ZUBEREITUNG

- Schnitzerl auf ein Schneidbrett legen, mit Klarsichtfolie bedecken und mit dem Fleischklopfer auf die gewünschte Stärke klopfen.
- Auf beiden Seiten mit Salz würzen.
- Eier in einen Suppenteller schlagen und mit einer Gabel leicht verschlagen (aber weder salzen noch mixen).
- Mehl und nicht zu wenig Brösel ebenfalls jeweils auf einen Teller geben.
- Nun die Schnitzerl zuerst auf beiden Seiten in Mehl wälzen, so durch die versprudelten Eier ziehen, dass das Ei rundum gut haften bleibt und zuletzt beidseitig in den Bröseln wälzen. Dabei die Brösel sanft festdrücken.
- In einer großen Pfanne reichlich Butterschmalz oder Öl gut heiß werden lassen.
- Überschüssige Brösel von den Schnitzeln sanft abklopfen und in das heiße Fett einlegen. Unter leichtem Schwingen der Pfanne und einmaligem Wenden 3–5 Minuten goldgelb herausbacken. Währenddessen sollte das heiße Fett wiederholt über das Schnitzerl „schwappen", damit die Panier schön souffliert (aufgeht).
- Knusprige Schnitzel herausheben und auf Küchenpapier abtropfen lassen bzw. das überschüssige Fett abtupfen.
- Auf vorgewärmten Tellern servieren und mit Zitronenspalten und (frittierter) Petersilie dekorieren.

VORBEREITUNGSZEIT: 10–15 Minuten
GARZEIT: 3–5 Minuten (je nach Stärke)
BEILAGENEMPFEHLUNG: Petersilerdäpfel, Erdäpfelsalat mit Vogerlsalat, Gurkensalat mit Rahm und frittierte Petersilie

DER SPEZIELLE TIPP: Haben Sie einmal nicht genug Eier zu Hause, so können Sie die Eier auch mit Milch strecken, allerdings birgt das die Gefahr in sich, dass die Panier nicht so schön souffliert. Nach manchen Rezepten könnten Sie den Eiern auch einen Schuss Mineral- oder Sodawasser zugeben. Probieren Sie einfach aus, was Ihre Lieblingsvariante ist.

Gefüllte Kalbsbrust

ZUTATEN FÜR CA. 8 PORTIONEN

1 untergriffene Kalbsbrust mit ca. 3 kg (mit Einschnitt)
500 g Semmelwürfel
4 Eier
4 Eidotter
60–70 ml Schlagobers
60 ml Milch
100 g flüssige Butter
Salz, Muskatnuss
100 g gekochte Erbsen (oder tiefgekühlt)
1 Wurzelgemüse
1 Speckschwarte
Olivenöl

ZUBEREITUNG

- Obers und Milch mit Eiern sowie Dottern versprudeln und mit Salz sowie Muskatnuss würzen. Flüssige Butter einmengen.
- Semmelwürfel in eine Schüssel geben, mit der Eiermasse begießen und 15 Minuten ziehen lassen. Dann die Erbsen untermischen.
- Sollte die Kalbsbrust noch nicht untergriffen sein, mit einem langen, scharfen Messer nahe an den Knochen einen taschenförmigen Einschnitt anbringen. Nun die Kalbsbrust innen sowie außen salzen und mit Olivenöl bestreichen. Fülle in die Tasche geben und die Öffnung vernähen.
- Das Backrohr auf 160 °C vorheizen.
- Wurzelgemüse und Speckschwarte grobwürfelig schneiden und in einer Bratenform verteilen. Mit etwas Wasser ausgießen. Die Kalbsbrust mit der „schönen" Seite nach unten hineinsetzen und ca. 1 ½ Stunden braten.
- Dann die Hitze auf 180 °C erhöhen, die Kalbsbrust wenden und noch ca. 20 Minuten fertig braten. Währenddessen wiederholt mit Saft übergießen, damit das Fleisch nicht trocken wird.
- Fertig gebratene Kalbsbrust herausheben und noch kurz mit Folie abgedeckt warm rasten lassen.
- Saft abseihen und in einem Kännchen extra servieren. Kalbsbrust tranchieren und anrichten.

VORBEREITUNGSZEIT: 30 Minuten
GARZEIT: 2 Stunden
BACKROHRTEMPERATUR: 160 °C, gegen Schluss 180 °C
BEILAGENEMPFEHLUNG: eingebranntes Gemüse und Salat

Gerollter Kalbsbraten

ZUTATEN FÜR CA. 4–6 PORTIONEN

- **1 Kalbsbraten vom Kalbsschopf mit ca. 2 kg**
- **1 Karotte**
- **1 gelbe Rübe**
- **¼ Sellerieknolle**
- **1 Stück Lauch**
- **3 Lorbeerblätter**
- **1 ungeschälte Zwiebel**
- **3 Knoblauchzehen**
- **2–3 Zweige Thymian und Rosmarin**
- **fein gehackter frischer Rosmarin zum Würzen**
- **150 ml Weißwein**
- **150 ml Kalbsfond oder Rindsuppe zum Aufgießen**
- **etwas Mehl**
- **grobes Meersalz**
- **Olivenöl**

ZUBEREITUNG

- Das Fleisch auf eine Arbeitsfläche legen und einmal so aufschneiden, dass man es aufklappen kann. Etwas flach drücken und mit grobem Meersalz sowie etwas fein gehacktem Rosmarin würzen. Mit Olivenöl beidseitig beträufeln, leicht einmassieren und das Fleisch zusammenrollen. Mit Spagat oder Zwirn binden.
- Das Backrohr auf 160 °C vorheizen.
- Das Gemüse sowie die ungeschälte Zwiebel grob würfeln und gemeinsam mit Knoblauch und den Gewürzen in eine Bratenpfanne geben. Das Fleisch daraufsetzen und etwas Wasser unter das Gemüse gießen.
- Ins heiße Rohr schieben und etwa 1 Stunde braten. Dann wenden, mit Bratensaft übergießen und nochmals 1 weitere Stunde braten. Währenddessen oft übergießen und bei Bedarf noch frisches Wasser nachgießen.
- Sobald beim Anstechen des Fleisches mit einer langen Nadel nur mehr klarer Saft austritt (oder die Kerntemperatur 62–68 °C beträgt), den Braten herausnehmen und in Alufolie eingeschlagen noch 15 Minuten rasten lassen.
- Inzwischen das Fett abschütten und den Bratenrückstand kräftig anrösten. Leicht mit etwas Mehl stauben, mit Weißwein ablöschen und mit Kalbsfond oder Rindsuppe aufgießen. Einkochen lassen und den Saft abseihen.
- Bindfaden vom Braten entfernen, Fleisch tranchieren und anrichten. Mit Saft beträufeln und mit Beilagen nach Wahl auftragen.

VORBEREITUNGSZEIT: 20 Minuten
GARZEIT: 2 Stunden braten und 15 Minuten rasten lassen
BACKROHRTEMPERATUR: 160 °C
BEILAGEN: Erbsenreis, rahmige Polenta, Polentaschnitten

DER SPEZIELLE TIPP: Das gebratene Gemüse muss nicht weggeworfen werden. Im Gegenteil: Passieren Sie das Gemüse, und vermischen Sie es mit dem abgegossenen Fett. Durchmischen und ein feines Bratlfett ist zubereitet. Kalt stellen und nach Belieben aufs Brot streichen oder zum Verfeinern von Gerichten verwenden. Sollten Sie beim Garen des Fleisches unsicher sein, so behelfen Sie sich mit folgender Faustregel: Pro Kilogramm Fleisch rechnet man etwa 1 Stunde Garzeit.

Gebratenes Kalbskotelett mit Champignons à la crème

ZUTATEN

- 4 Kalbskoteletts à 200 g
- 250 g Champignons
- 1 Zwiebel
- etwas Butter
- 100 g Crème fraîche
- Muskatnuss
- frisch gehackter Thymian
- Salz, Pfeffer
- Olivenöl

ZUBEREITUNG

- Kalbskoteletts salzen und pfeffern, mit fein gehacktem Thymian und Olivenöl einreiben.
- In einer Pfanne beidseitig rasch anbraten und im auf 180 °C vorgeheizten Rohr 10 Minuten braten.
- Inzwischen die Champignons waschen, feinblättrig schneiden.
- Zwiebel fein hacken und in etwas Butter anschwitzen. Champignons zugeben, mit Salz sowie Muskatnuss würzen, kurz aufkochen und Crème fraîche einrühren. Abschmecken. Falls die Masse zu sämig gerät, noch etwas Wasser einrühren.
- Mit den gegarten Kalbskoteletts auf vorgewärmten Tellern anrichten.

VORBEREITUNGSZEIT: 10 Minuten
GARZEIT: Koteletts 12–15 Minuten, Champignons 10–15 Minuten
BEILAGENEMPFEHLUNG: Erbsenreis
BACKROHRTEMPERATUR: 180 °C

DER SPEZIELLE TIPP: Braten Sie Kalbskoteletts nicht völlig durch! Sie schmecken zartrosa gebraten viel saftiger.

Kalbsrückenschnitte mit zweierlei Erbsen

ZUTATEN

- 1 Kalbsrücken (ca. 800 g)
- 100 ml Grundsauce vom Kalb (oder kräftiger Kalbsfond)
- Mie de pain (frische Weißbrotbrösel)
- frisch gehackter Thymian
- Salz, Pfeffer
- Olivenöl
- kalte Butterflöckchen zum Binden

Für die Erbsenbeilage

- Erbsenpüree (s. S. 156) in der gewünschten Menge
- 100–150 g grüne Erbsenschoten
- 100 ml Rahmsafterl (s. S. 403)

ZUBEREITUNG

- Das zugeputzte Fleisch mit Salz und Pfeffer würzen, mit Olivenöl und frisch gehacktem Thymian rundum einreiben. Kurz ziehen lassen.
- Das Backrohr auf 160 °C vorheizen.
- In geriebenen Weißbrotbröseln wälzen und anschließend in einer Pfanne von allen Seiten in Öl anbraten. Ins heiße Rohr schieben und 20 Minuten braten.
- Inzwischen für die Beilage das Erbsenpüree nach Anleitung zubereiten. Parallel dazu die geputzten Erbsenschoten in Salzwasser blanchieren (kurz überbrühen), kalt abschrecken und in feine Streifen schneiden. Rahmsafterl in einen Topf gießen und die Erbsen darin kurz schwenken.
- Den fertig gebratenen Kalbsrücken herausnehmen und in Alufolie eingeschlagen noch ca. 10 Minuten rasten lassen. Dann in Scheiben schneiden.
- Inzwischen den Bratenrückstand entfetten, mit Kalbsfond oder Grundsauce aufgießen und den Bratenrückstand damit lösen. Die Sauce mit rasch eingerührter kalter Butter montieren (binden) und passieren.
- Kalbsrückenschnitte mit den beiden Erbsenbeilagen anrichten und mit etwas Sauce beträufeln.

VORBEREITUNGSZEIT: Fleisch 5 Minuten
GARZEIT: Fleisch ca. 25 Minuten, 10 Minuten rasten lassen; Erbsenpüree 25 Minuten
BACKROHRTEMPERATUR: 160 °C

Reisfleisch

ZUTATEN

400 g Kalbfleisch (Schulter oder ausgelöste Stelze)
4 Zwiebeln
1 rote Paprikaschote
200 g Rundkornreis
4 Knoblauchzehen
2 Lorbeerblätter
4 EL edelsüßes Paprikapulver
125 ml Essig
ca. 1 l Rindsuppe oder Wasser
Majoran (gerebelt)
100 g Schweineschmalz
Sauerrahm zum Garnieren
Salz, Pfeffer
gehackte Petersilie
Gulaschsaft und geriebener Parmesan nach Belieben zum Garnieren

ZUBEREITUNG

- Das Kalbfleisch in mundgerechte Würfel schneiden. Zwiebeln sowie Knoblauch fein hacken. Paprikaschote entstielen, entkernen und würfelig schneiden.
- In einem Topf das Schmalz erhitzen und die Zwiebeln darin golden anschwitzen. Paprikawürfel zugeben und ebenfalls mitrösten. Dann erst das Fleisch dazugeben und anrösten, Paprikapulver einrühren und mit Essig rasch ablöschen.
- Nun Rindsuppe oder Wasser zugießen, mit Salz, Pfeffer, Knoblauch, Majoran und Lorbeer würzen und alles 15–20 Minuten zugedeckt köcheln lassen.
- Sobald das Fleisch etwa halb bissfest ist, Reis zugeben und noch so viel Flüssigkeit nachgießen, dass der Reis etwa 2 cm hoch bedeckt ist. Noch weitere 20–25 Minuten zugedeckt (im Backrohr oder auf dem Herd) langsam fertig dünsten. Dabei ab und an umrühren.
- Abschließend mit Pfeffer abschmecken und etwas gehackte Petersilie unterrühren. In Suppentassen oder einen großen Schöpflöffel pressen und auf vorgewärmte Teller stürzen. Mit etwas Sauerrahm garnieren. Nach Belieben noch mit Gulaschsaft beträufeln und mit etwas geriebenem Parmesan bestreuen.

VORBEREITUNGSZEIT: 10 Minuten
KOCHZEIT: 40 Minuten
BEILAGENEMPFEHLUNG: Grüner Salat

Unter fremde Tuchenten geguckt

Wer hat sie noch zu Hause, jene sich mächtig aufbauschenden gewaltigen Tuchenten, unter denen früher so allerhand passierte? Fernwärme oder leistungsstarke Heizanlagen lassen die Zimmertemperaturen auch im Winter nicht unter 20 °C sinken und machen somit die Anschaffung von daunengefüllten, dicken Decken überflüssig. Schade! Denn unter so manch einer Tuchent wurde es im Alten Wien nämlich auch tagsüber nicht kalt. Nicht etwa weil Langschläfer und Faulpelze den Tag zur Nacht machten, sondern weil die sparsame Hausfrau den Topf mit vor-, aber nicht fertig gekochtem Reis, Reisfleisch oder ähnlichen Gerichten ganz einfach in ein Handtuch einschlug und zum Fertiggaren unter die wärmende Tuchent steckte. Das funktionierte ebenso perfekt wie die wundersame Kochkiste, jene simple Holzkiste, die nur dank wärmeisolierender Heu- oder Holzwollefüllung die Speisen zum gewünschten Garpunkt führte. Gut zu wissen für den Fall, dass die nächste Gaspreiserhöhung doch zu kräftig ausfällt.

Ragoût fin vom Kalb

ZUTATEN

600 g Kalbfleisch (von der Kalbsschale)
200 g Kalbsbries
etwas Wurzelwerk und Lorbeerblatt zum Blanchieren
8 Stangen gekochter Spargel
100 g Champignons
100 g gekochte Erbsen
100 g Butter für die Einbrenn
100 g Mehl
1 l Kalbsfond oder Rindsuppe
Spritzer Zitronensaft
Muskatnuss
Salz
2 EL Crème fraîche
Butter zum Anschwitzen
100 g gehackte Petersilie
kleine fertige Blätterteigpastetchen zum Füllen nach Belieben

ZUBEREITUNG

- Bries mit etwas Wurzelwerk sowie einem Lorbeerblatt in Salzwasser etwa 20 Minuten leicht köcheln lassen. Herausheben, zuputzen, Haut abziehen und in kleine Würfel schneiden.
- Das zugeputzte Fleisch in mundgerechte Würfel schneiden und kurz in Butter anschwitzen. Wieder herausheben und danach die Brieswürfel anschwitzen. Vom Feuer nehmen.
- In einem anderen Topf Butter für die Einbrenn schmelzen, Mehl zugeben, anrösten und langsam nach und nach mit Fond aufgießen. Gut einkochen lassen.
- Dann in einen anderen (Ragout-)Topf passieren. Mit Salz, Muskatnuss und Zitronensaft abschmecken. Crème fraîche einrühren, Fleisch und Bries wieder zugeben und 20 Minuten leicht köcheln lassen.
- Inzwischen die Champignons halbieren oder vierteln, den gekochten Spargel in kleine Stücke schneiden.
- Eine Pfanne mit etwas Butter erhitzen, Champignons und Spargel zugeben und alles gut anbraten. Gemeinsam mit den gekochten Erbsen in das fertige Ragout einmengen und mit gehackter Petersilie bestreuen.
- Nach Belieben währenddessen die Blätterteigpastetchen im Backrohr erwärmen, das Ragout einfüllen und auftragen. Oder das Ragout in vorgewärmten tiefen Tellern anrichten. Mit Petersilie garnieren.

VORBEREITUNGSZEIT: 20 Minuten
KOCHZEIT: 30 Minuten
BEILAGENEMPFEHLUNG: Butterreis, Safranreis, Curryreis

Geschmorte Kalbsbackerl

ZUTATEN

1 kg ausgelöste Kalbsbackerl
1 Wurzelgemüse
500 ml Rotwein
1 EL Paradeisermark
10 Lorbeerblätter
10 Pfefferkörner
10 Wacholderbeeren
2 Knoblauchzehen
2 l Rindsuppe oder Wasser
2 Zweiglein frischer Rosmarin
1 Speckschwarte oder Speckreste
Salz, Pfeffer
Senf
Öl

ZUBEREITUNG

- Kalbsbackerl sehr gut zuputzen und mit Salz, Pfeffer sowie Senf einreiben. In einem Topf von allen Seiten in heißem Öl anbraten. Wieder herausheben.
- Wurzelgemüse in daumengroße Stücke schneiden und mit der Speckschwarte goldgelb anrösten. Paradeisermark einrühren, Rosmarin sowie Knoblauch zugeben und ebenfalls mitrösten.
- Dann mit der Hälfte des Rotweins ablöschen, kurz einreduzieren (einkochen lassen), bis die Flüssigkeit verdampft ist, dann den restlichen Rotwein zugießen und nochmals einkochen lassen. Mit Suppe oder Wasser aufgießen, sämtliche Gewürze zugeben und alles aufkochen lassen.
- Backerl zugeben und zugedeckt leicht wallend ca. 1 ½–2 Stunden weich garen.
- Dann die Backerl wieder herausheben und warm stellen.
- Speck, Rosmarin sowie Gewürze entfernen, das Gemüse mit dem Stabmixer aufmixen und abseihen.
- Die Sauce bei Bedarf nochmals abschmecken.
- Kalbsbackerl anrichten, mit der Sauce übergießen und die Beilagen nach Wahl dazu servieren.

VORBEREITUNGSZEIT: 10 Minuten
GARZEIT: ca. 2 Stunden
BEILAGENEMPFEHLUNG: Erdäpfelspritzkrapferl (s. S. 168), in Butter geschwenkter Blattspinat und gebratene Pilze

DER SPEZIELLE TIPP: Wenn Sie ein Liebhaber besonders molliger Saucen sind, so lässt sich diese Sauce noch durch eine eingerührte Einbrenn aus etwa je einem Esslöffel Butter und Mehl schön sämig binden.

INNEREIEN

Rindszunge mit Krautfleckerln und Rahmsauce

ZUTATEN

- 1 geselchte Rindszunge
- 500 g Wurzelgemüse
- Senf
- 100 g Crème fraîche
- Pfeffer
- Wacholderbeeren
- Lorbeerblatt
- Schuss Essig
- Krautfleckerl (s. S. 115)
- Kren als Garnitur nach Belieben

ZUBEREITUNG

- In einem Topf Wasser mit Pfeffer, Wacholderbeeren, Lorbeerblatt, Wurzelgemüse und einem Schuss Essig aufkochen, Zunge einlegen und etwa 2 Stunden weich kochen.
- Inzwischen die Krautfleckerl zubereiten.
- Die weich gekochte Zunge herausheben, kurz kalt abschrecken. Schälen und Zunge in heißem Wasser warm halten.
- Für die Rahmsauce eine beliebige Menge Sud bei starker Hitze auf ca. 100 ml einkochen. (Je mehr Sud eingekocht wird, desto intensiver wird der Geschmack.) Senf sowie Crème fraîche einrühren und die Sauce glatt rühren. Mit einem Schuss Essig abschmecken.
- Zunge aufschneiden, mit den Krautfleckerln anrichten und mit Sauce beträufeln. Nach Belieben mit frisch geriebenem Kren garnieren.

GARZEIT: ca. 2 Stunden
BEILAGENEMPFEHLUNG: Statt der Krautfleckerl können Sie beispielsweise auch Bandnudeln oder Erbsenreis dazu reichen. *Foto links*

Geröstete Leber

ZUTATEN

- 600 g Schweins- oder Kalbsleber
- 2 Zwiebeln
- 1 TL Mehl
- 2 Knoblauchzehen
- Spritzer Essig
- 250 ml Rindsuppe oder brauner Rindsfond
- 100 g frisch gehackte Petersilie
- Majoran (gerebelt)
- Salz, Pfeffer
- kalte Butter
- Öl

ZUBEREITUNG

- Die Zwiebeln fein hacken, den Knoblauch zerdrücken.
- Die Leber gut zuputzen, enthäuten und fein schnetzeln.
- In einer Pfanne etwas Öl erhitzen, die Hälfte der Leber rundum scharf anbraten, herausheben und warm stellen. Restliche Leber ebenso braten und warm stellen.
- Nun die Zwiebeln im Bratenrückstand goldgelb braten. Mit Mehl stauben, mit Essig ablöschen und mit Suppe oder Fond aufgießen. Einmal aufkochen und mit Salz, Pfeffer, Majoran und Knoblauch würzen. Kräftig auf- und sämig einkochen lassen.
- Dann die Leberstreifen wieder zugeben, einmal aufkochen lassen und abschmecken. Hitze sofort auf ein Minimum reduzieren.
- Die frische gehackte Petersilie darüberstreuen und ein Stückchen kalte Butter einrühren, dabei aber nicht mehr kochen! Auf vorgewärmten Tellern anrichten.

VORBEREITUNGSZEIT: 15 Minuten
KOCHZEIT: 12 Minuten
BEILAGENEMPFEHLUNG: Erdäpfelschmarren, Petersilerdäpfel oder Reis

Glacierte Kalbsleber

ZUTATEN

- **8 schöne Leberschnitzel zu je 80–90 g**
- **8 Speckscheiben**
- **8 Apfelscheiben ohne Kerngehäuse**
- **100 ml Gemüsefond oder Rindsuppe**
- **1 EL Mehl**
- **Salz, Pfeffer**
- **Butterschmalz und (kalte) Butter**
- **Balsamicoessig**
- **Zucker**

ZUBEREITUNG

- In einer Pfanne etwas Butterschmalz erhitzen und die Kalbsleberschnitzerl darin wirklich nur ganz kurz kräftig anbraten (sie werden sonst zu hart!).
- Salzen, pfeffern, Hitze auf ein Minimum reduzieren und die Leber ganz langsam fertig garen. Währenddessen immer wieder mit dem eigenen Saft übergießen (= glacieren), damit die Schnitzerl schön glänzend werden.
- Leber herausheben und in Alufolie gehüllt warm stellen.
- Parallel dazu die Apfelscheiben in einer Pfanne mit einer Prise Zucker in Butter auf beiden Seiten anbraten und im eigenen Saft insgesamt 6–7 Minuten karamellisieren lassen.
- Die Speckscheiben in einer Pfanne knusprig braten.
- Das Fett aus dem Bratenrückstand der Leber abschöpfen, Bratenfond leicht stauben und mit Gemüsefond oder Rindsuppe aufgießen. Mit Salz, Pfeffer sowie etwas Balsamicoessig abschmecken und noch einmal aufkochen. Dann abseihen und mit etwas rasch eingerührter kalter Butter montieren (binden).
- Die Leber anrichten und mit dem knusprigen Speck sowie den Äpfeln garnieren, mit etwas Saft beträufeln.

VORBEREITUNGSZEIT: 5 Minuten
GARZEIT: Leber ca. 4 Minuten, Äpfel 8 Minuten
BEILAGENEMPFEHLUNG: Erdäpfelpüree

Foto rechts

Kalbsleberschnitzerl

ZUTATEN

- **600–700 g Kalbsleber**
- **2 Eier**
- **Mehl und Semmelbrösel**
- **Pflanzenöl und/oder Butterschmalz zum Herausbacken**
- **Salz, Pfeffer**

ZUBEREITUNG

- Kalbsleber von der Haut befreien und in Schnitzerl schneiden. Salzen und pfeffern.
- Zuerst in Mehl wenden, durch die verschlagenen Eier ziehen und zuletzt in Bröseln wälzen.
- Reichlich Öl und etwas Butterschmalz in einer Pfanne erhitzen. Panierte Kalbsleber einlegen und auf beiden Seiten nur kurz goldbraun herausbacken. Herausheben und auf Küchenkrepp abtropfen lassen. (Die Leber sollte gar sein aber nicht zu lange gebacken werden, da sie sonst trocken wird.)

VORBEREITUNGSZEIT: ca. 15 Minuten
GARZEIT: 3–4 Minuten
BEILAGENEMPFEHLUNG: Erdäpfelsalat mit Mayonnaise und Vogerlsalat

Fleischlaiberl mit pochiertem Ei und Blattspinat

ZUTATEN FÜR 3–4 PORTIONEN

500 g gemischtes Faschiertes
2 harte Semmeln
1 Zwiebel
1 TL Senf
1 TL Majoran
1 TL Kümmelpulver
30 g zerlassene Butter
2 Eier
Salz, Pfeffer
Milch zum Weichen
Öl

Für die pochierten Eier

4 Eier
Essig
Salz

Für die Garnitur

4 gekochte Erdäpfel
250 g Blattspinat
2 EL Butterschmalz
Salz
Butter

ZUBEREITUNG

- Die Zwiebel grob schneiden und bei nicht zu großer Hitze in etwas Öl mittelbraun rösten.
- Die Semmeln in grobe Würfel schneiden und in etwas Milch einweichen.
- Backrohr auf 145 °C Heißluft vorheizen.
- Semmeln ausdrücken und mit den gerösteten Zwiebeln faschieren (durch den Fleischwolf drehen) oder alles sehr fein hacken. Mit Senf, Majoran, Kümmel, Salz sowie Pfeffer würzen und mit dem Faschierten gut vermischen.
- Flüssige Butter und Eier einmengen und aus der Masse vier runde Laiberl formen.
- In eine gefettete Form setzen, oben eine kleine Mulde in die Laibchen drücken und Laiberl etwas einölen. Im heißen Rohr etwa 20 Minuten braten.
- Inzwischen für die pochierten Eier Wasser mit einem Spritzer Essig und einer Prise Salz aufkochen. Ein Ei behutsam aufschlagen und in einen Schöpflöffel gleiten lassen. Das Wasser mit einem Löffel kräftig umrühren und das Ei in das sich drehende Wasser vorsichtig hineingleiten lassen. Etwa 3–4 Minuten garen. Mit dem Schaumlöffel wieder vorsichtig herausheben. Restliche Eier ebenso pochieren.
- Parallel dazu den Blattspinat waschen und abtropfen lassen. Butterschmalz in einem Topf erhitzen, Spinat zugeben und kurz durchschwenken. Mit Salz würzen und kurz garen lassen.
- Erdäpfel in Würferl schneiden und in Butter knusprig rösten. Salzen.
- Fleischlaiberl anrichten, auf jedes Laibchen ein pochiertes Ei setzen und mit Blattspinat und Erdäpfelwürferln garnieren.

VORBEREITUNGSZEIT: 20 Minuten
KOCHZEIT: Laiberl 20 Minuten, Eier 5–6 Minuten
BACKROHRTEMPERATUR: 145 °C Heißluft

DER SPEZIELLE TIPP: Sollten Sie einen Dampfgarer zur Verfügung haben, so können Sie die Eier auch in diesem garen. Da dies bei 62 °C stattfindet, brauchen die Eier allerdings stattliche 80 Minuten dafür. Danach können Sie allerdings ganz bequem direkt aus der Schale aufgeschlagen werden.

Faschierter Braten (Netzbraten)

ZUTATEN

1 kg Faschiertes (gemischt)
1 Schweinsnetz (s. Tipp)
2 Semmeln
1 Zwiebel
2 Eier
1 TL Senf
Salz, Pfeffer
Majoran (gerebelt)
Milch zum Einweichen
Butter

Für die Fülle

3 hart gekochte Eier
2 Essiggurkerl
1 Paar Frankfurter Würstel

ZUBEREITUNG

- Die Semmeln in Milch einweichen. Das Schweinsnetz wässern.
- Inzwischen die Zwiebel feinwürfelig schneiden und in etwas Butter hellbraun anrösten. Wieder vom Feuer nehmen.
- Semmeln ausdrücken und mit dem Faschierten, Zwiebel, Eiern, Senf, Majoran, Salz und Pfeffer gut vermengen.
- Das Backrohr auf 180 °C vorheizen.
- Das gewässerte Schweinsnetz trocken tupfen und auf einer Arbeitsfläche auflegen. Etwas zurechtschneiden.
- Nun die faschierte Masse auf dem unteren Drittel auftragen und flach drücken. Die gekochten Eier schälen, halbieren und auflegen. Essiggurkerl ebenfalls halbieren und ebenso wie die Frankfurter auflegen. Faschiertes mit dem Netz einrollen und in eine befettete Backform setzen.
- Ins vorgeheizte Rohr schieben und 45–50 Minuten braten.

VORBEREITUNGSZEIT: 20 Minuten
GARZEIT: ca. 50 Minuten
BACKROHRTEMPERATUR: 180 °C
BEILAGENEMPFEHLUNG: Erdäpfelpüree und Röstzwiebeln

DER SPEZIELLE TIPP: Schweinsnetz bekommen Sie beim Fleischhauer (meist gegen Vorbestellung). Sollte Ihnen dies nicht gelingen, so umhüllen Sie den Braten einfach mit dünn geschnittenen Speckscheiben. Die verändern zwar den Geschmack etwas, halten den faschierten Braten aber dennoch schön saftig.

Blunzengröstl

ZUTATEN

- **500–700 g Blunzen (Blutwurst)**
- **300–400 g gekochte Erdäpfel**
- **1–2 Zwiebeln**
- **Salz, Pfeffer**
- **Majoran**
- **2–3 EL Schweineschmalz**
- **Mehl nach Belieben**
- **frisch gehackte Petersilie**

ZUBEREITUNG

- Blunzen schälen und in Scheiben schneiden. Zwiebeln in Streifen, die gekochten Erdäpfel in Scheiben schneiden.
- In einer Pfanne Schmalz erhitzen und die Zwiebeln darin anrösten. Erdäpfel zugeben und ebenfalls goldbraun rösten. Mit Salz, Pfeffer und Majoran würzen.
- Blunzenscheiben einmengen und scharf anrösten. Mit frisch gehackter Petersilie bestreuen und anrichten. (Oder die Blunzenscheiben in Mehl wälzen und gesondert in Öl so braten, dass sie außen schön knusprig und innen wunderbar cremig sind. Erst dann auf den gebratenen Erdäpfeln anrichten.)

VORBEREITUNGSZEIT: 10 Minuten
BRATZEIT: 15–20 Minuten
BEILAGENEMPFEHLUNG: Speckkrautsalat

DER SPEZIELLE TIPP: Sie können die angebratenen Erdäpfelscheiben auch in eine Bratenform umfüllen, mit den Blunzenscheiben belegen und im heißen Backrohr bei 200 °C bei starker Oberhitze 10–12 Minuten knusprig braten.

Gebratene Lammstelze mit Minikürbis

ZUTATEN

4 Lammstelzen
2 EL Olivenöl
Suppengrün
2 Lorbeerblätter
1 Zwiebel mit Schale
Salz, Pfeffer
fein gehackter Thymian und Rosmarin

Für den Minikürbis

Minikürbisse nach Belieben (kleine Kürbisse aus der Feinkostabteilung)
frischer Thymian
Butter
Salz, Pfeffer

ZUBEREITUNG

- Stelzen gut zuputzen, von der Haut befreien, salzen, pfeffern und mit Thymian, Rosmarin sowie Olivenöl gut einreiben. Den oberen Knochen mit Alufolie abdecken, damit er beim Braten nicht verbrennt.
- Suppengrün grobwürfelig schneiden und mit der Zwiebel sowie den Lorbeerblättern in eine Bratpfanne geben. Boden mit Wasser bedecken, die Stelze daraufsetzen und im vorgeheizten Backrohr bei 160 °C ca. 1 ½ Stunden braten. Währenddessen wiederholt mit Bratensaft übergießen.
- Inzwischen die gewaschenen Minikürbisse nach Belieben halbieren und in einer Pfanne in etwas Butter anbraten. Mit Salz, Pfeffer und etwas frischem Thymian würzen. Kurz durchschwenken.
- Stelzen herausheben, warm stellen und den Saft abseihen. Nach Belieben einkochen lassen.
- Je eine Stelze mit gebratenen Minikürbissen auf einem vorgewärmten Teller anrichten und nach Belieben mit etwas Saftl beträufeln.

VORBEREITUNGSZEIT: 20 Minuten
GARZEIT: ca. 1 ½ Stunden
BACKROHRTEMPERATUR: 160 °C
BEILAGENEMPFEHLUNG: Erdäpfelpuffer (s. S. 165)

DER SPEZIELLE TIPP: Wenn Sie gerne mit Dampfgarer arbeiten, so garen Sie die Stelzen zunächst bei 125 °C ca. 40 Minuten und braten diese anschließend im Backrohr bei 160 °C fertig.

Gebratenes Lammkarree mit Spargelgröstl

ZUTATEN

- 3 Lammkronen zu je ca. 200 g
- Thymian (gerebelt und frisch)
- 200 g Würzbrösel (s. S. 405) oder Weißbrotbrösel
- 50 g getrocknete Paradeiser
- 100 ml Rindsuppe
- 2 Knoblauchzehen
- Salz, Pfeffer
- Olivenöl und Öl

Für das Spargelgröstl

- 4 Stangen Spargel
- 2 Schalotten
- 2 Jungzwiebeln
- 200 g Erdäpfel
- Olivenöl und Öl
- Zitronensaft
- Salz, Pfeffer
- frischer Thymian

ZUBEREITUNG

- Die Lammkronen gut zuputzen. Mit gerebeltem Thymian, Salz sowie Pfeffer würzen, mit Olivenöl einreiben und abgedeckt ziehen lassen.
- Backrohr auf 160 °C vorheizen.
- Die getrockneten Paradeiser sehr fein schneiden und mit den Würzbröseln vermengen. Das Fleisch bei Bedarf nochmals mit etwas Olivenöl beträufeln, in den Paradeiser-Würzbröseln wälzen und in heißem Öl rasch mittelbraun anbraten. Ins heiße Rohr schieben und je nach gewünschtem Garungsgrad etwa 10 Minuten braten.
- Währenddessen für das Spargelgröstl den Spargel schälen, holziges Ende entfernen und klein schneiden. Schalotten und Jungzwiebeln fein schneiden und mit Spargel in etwas Olivenöl anschwitzen. Einen Spritzer Zitronensaft zugeben, salzen, pfeffern und alles ca. 10 Minuten bissfest rösten.
- Parallel dazu die Erdäpfel in etwa 1 cm große Würferl schneiden und in Öl knusprig frittieren. Abtropfen lassen und unter den fertig gebratenen Spargel mengen. Mit frisch gezupftem Thymian abschmecken.
- Das mittlerweile fertig gebratene Lammkarree herausheben, in Alufolie schlagen und warm nochmals 10 Minuten rasten lassen.
- Den Bratenrückstand nach Belieben entfetten. Mit Rindsuppe aufgießen, Knoblauch sowie Thymianzweiglein zugeben und kräftig aufkochen lassen. Durch ein Sieb seihen und nach Belieben nochmals einkochen lassen.
- Fleisch tranchieren, den zurückgebliebenen Saft aus der Folie in die Sauce einrühren. Fleisch mit dem Spargelgröstl anrichten und mit dem Saft beträufeln.

VORBEREITUNGSZEIT: 30 Minuten, Spargel 5 Minuten
GARZEIT: 22 Minuten inkl. Rastenlassen, Spargel 10–12 Minuten
BACKROHRTEMPERATUR: 160 °C

GEFLÜGEL

Backhenderl

ZUTATEN

- **2 kleine Henderl zu je 1–1,2 kg (oder entsprechend viele Hendelteile)**
- **1 Zitrone**
- **Salz, Pfeffer**
- **1 Bund krause Petersilie**
- **Mehl, 3–4 Eier und Semmelbrösel zum Panieren**
- **Butterschmalz zum Herausbacken**

ZUBEREITUNG

- Die Henderl waschen, trocken tupfen und zunächst halbieren, dann in Keulen, Flügerl und Brust zerteilen. Nach Belieben nochmals in Ober- und Unterkeulen und die Bruststücke in kleinere Stücke teilen. Die Keulenstücke beim Knochen an der Innenseite einschneiden, damit sie beim Backen schneller gar werden.
- Nun alle Teile gut salzen und pfeffern.
- Mehl, verschlagene Eier und Semmelbrösel jeweils in tiefe Teller oder Schüsseln geben.
- Hendelteile nacheinander zuerst in Mehl wenden, durch das Ei ziehen und in Bröseln wälzen.
- In einer tiefen Pfanne reichlich Butterschmalz erhitzen und das Henderl darin bei nicht zu großer Hitze langsam 20 Minuten goldgelb herausbacken.
- Herausheben und auf Küchenkrepp abtropfen lassen.
- Inzwischen etwas Petersilie in heißem Fett ganz kurz frittieren und ebenfalls abtropfen lassen.
- Backhenderl anrichten, mit Zitronensaft beträufeln und mit der frittierten Petersilie garnieren.

VORBEREITUNGSZEIT: 20 Minuten
GARZEIT: 20 Minuten
BEILAGENEMPFEHLUNG: Petersilerdäpfel, Erdäpfelsalat mit Mayonnaise und Vogerlsalat, Gurken- oder grüner Salat

Paprikahenderl

ZUTATEN

- 1 großes Henderl (ca. 1,5 kg oder entsprechend viele Teile)
- 3 rote Paprikaschoten
- 100 g Speck
- 1 Zwiebel
- 2 Knoblauchzehen
- 2 frische Thymianzweige
- 500 ml Weißwein
- 500 ml Rindsuppe
- 250 g Sauerrahm
- 2 EL Mehl
- ca. 2 EL edelsüßes Paprikapulver
- etwas Zitronenschale und -saft
- Salz, Pfeffer
- Öl

ZUBEREITUNG

- Das gut gewaschene Henderl in vier Teile schneiden und dabei das Rückgrat entfernen. Nach Belieben nochmals in Unter- und Oberkeulen und Flügerl teilen.
- Mit Salz, Pfeffer und etwas Paprikapulver einreiben.
- Zwiebel grob, Knoblauch feinwürfelig schneiden. Paprikaschoten entstielen, entkernen und in Streifen schneiden. Speck in kleine Würfel schneiden.
- In einem Kochtopf Öl erhitzen und alle Hühnerteile darin rundum kräftig anbraten. Wieder herausheben und auf einem Teller warm halten.
- Nun im Bratenrückstand die Zwiebel goldbraun anrösten. Dann Speck sowie Paprika zugeben und mitrösten. Knoblauch einrühren, mit Weißwein ablöschen und mit Rindsuppe auffüllen. Nach dem Einreiben übrig gebliebenes Paprikapulver zugeben, salzen, pfeffern und die Thymianzweige hineinlegen.
- Aufkochen lassen und nun die Hühnerteile wieder zugeben. Bei mittlerer Hitze und leicht geöffnetem Deckel 25–30 Minuten köcheln lassen. Währenddessen wiederholt wenden.
- Dann das Fleisch wieder herausheben und warm halten.
- Sauce aufmixen, passieren und nochmals aufkochen. Den Rahm mit Mehl glatt rühren und in die Sauce einrühren. Kurz aufkochen und die Sauce damit mollig binden. Mit Zitronensaft und -schale abschmecken.
- Hühnerteile einlegen, mit Sauce gut überziehen und bei Bedarf kurz heiß werden lassen. Auf vorgewärmten Tellern servieren.

VORBEREITUNGSZEIT: 10 Minuten
KOCHZEIT: 30–40 Minuten
BEILAGENEMPFEHLUNG: Nockerl, Tarhonya

Eingemachtes Suppenhendl

ZUTATEN

- 1 Suppenhendl
- 100 g Erbsenschoten
- 100 g Karfiol
- 100 g Champignons
- 1 Bund grüner Spargel
- 1 l Wasser
- 1 Wurzelgemüse
- 2 Lorbeerblätter
- 10 Pfefferkörner
- 100 g Crème fraîche
- Salz, Muskatnuss

ZUBEREITUNG

- Das Wasser in einem großen Topf aufkochen lassen. Währenddessen das Hendl in vier Teile zerlegen, die Haut abziehen und das Huhn mit Pfefferkörnern, Lorbeerblättern und grob gewürfeltem Gemüse etwa 35 Minuten vor sich hin köcheln lassen.
- Inzwischen die Champignons vierteln, den Karfiol in kleine Röschen teilen und die Erbsenschoten halbieren. Die holzigen Enden vom Spargel entfernen und Spargelstangen in mundgerechte Stücke schneiden.
- Fond abseihen und das Fleisch warm stellen.
- Gemüse nach Garpunkt im Fond jeweils bissfest kochen und wieder herausheben. Ebenfalls warm halten.
- Nun den Fond auf die gewünschte Menge einkochen lassen. Crème fraîche einrühren und mit Salz sowie Muskatnuss abschmecken.
- Die Hendlstücke mit dem warm gestellten Gemüse auf Tellern anrichten. Die Sauce mit einem Stabmixer aufmixen und das Henderl damit beträufeln.

VORBEREITUNGSZEIT: 15 Minuten
GARZEIT: 50 Minuten
BEILAGENEMPFEHLUNG: gebackene Erdäpfelnockerl (s. S. 167)

Ausgemacht eingemacht

Es war eine ausgemachte Sache in der Alt-Wiener Küche, dass man alles, was sich nur irgendwie dazu eignete, einmachte. Spargelspitzen mit Champignons und Erbsen wurden ebenso wie allerlei feines Gemüse, zartes Huhn, Fisch oder Kalbfleisch mit einer mollig eingekochten Einmach abgerundet. Dafür benötigte man lediglich ein wenig Butter oder Butterschmalz sowie in etwa gleich viel Mehl und etwas Flüssigkeit zum Aufgießen. Ob dafür kräftige Bouillon oder nur dünner Gemüsesud verwendet wurde, war letztlich eine Frage des Geschmacks und der finanziellen Möglichkeiten. Übrigens ebenso wie die Dosierung von Schlagobers, das den Ragouts den letzten Schliff verpassen sollte. Erst die Errungenschaften der Neuen Wiener Küche setzten dieser einst so beliebten Saucenmode ein Ende. Konzentration ist nun angesagt, nicht nur auf das Kochen an und für sich, sondern auch bei den Bratensaftln, die kalorienschonend auf einen Bruchteil ihrer ursprünglichen Menge durch starkes Einkochen konzentriert werden.

Brathenderl unter der Haut gefüllt

FÜR 2 PORTIONEN

1 Huhn mit 1,2–1,4 kg
200 g entrindete Weißbrotwürfel
1 Ei
1 Eidotter
50 ml Schlagobers
50 ml flüssige Butter
50 g gekochte Erbsen
50 g Schinken
50 g Champignons
1 Zwiebel
Olivenöl und Butter
Muskatnuss, Thymian
Salz
1 Zwiebel und Kräuter nach Belieben für die Bratenpfanne
Rindsuppe oder Weißwein zum Aufgießen
Schuss weißer Balsamicoessig

ZUBEREITUNG

- Zwiebel, Champignons sowie Schinken fein schneiden und in etwas Butter anschwitzen. Gekochte Erbsen zugeben und mit Salz, Muskat sowie Thymian würzen.
- Flüssige Butter mit Obers, Ei, Dotter, Salz und Muskatnuss verrühren. Über die Brotwürfel gießen und kurz ziehen lassen. Vorsichtig durchmischen, die Masse sollte dabei aber nicht zu matschig werden.
- Die Haut des Henderls lösen. Dafür mit einem Finger von hinten vorsichtig die Haut vom Fleisch lösen. Die Fülle behutsam unter die Haut schieben.
- Das Backrohr auf 160–170 °C vorheizen.
- Henderl innen sowie außen salzen und mit Olivenöl bestreichen. Eine Bratenpfanne mit grob geschnittenen Zwiebelscheiben und frischen Kräutern auslegen. Etwas Wasser darübergießen und das gefüllte Henderl daraufsetzen. Im heißen Backrohr ohne Wenden etwa 40 Minuten langsam knusprig braten (die Brust bleibt durch die Fülle saftig).
- Henderl herausnehmen und warm rasten lassen. Erst dann tranchieren.
- Inzwischen für das Saftl den Bratensaft in einen kleinen Topf gießen. Aufkochen, bei Bedarf etwas Rindsuppe oder Weißwein zugießen und mit weißem Balsamicoessig abschmecken. Abseihen und das tranchierte Henderl damit beträufeln.

VORBEREITUNGSZEIT: 30 Minuten
BRATZEIT: 35–45 Minuten
BACKROHRTEMPERATUR: 160–170 °C
BEILAGENEMPFEHLUNG: Paradeiser-, Gurken oder grüner Salat

Gebratene Ente

ZUTATEN FÜR 2–4 PORTIONEN

1 küchenfertige Ente (wenn möglich mit Entenklein, also Hals, Flügerl etc.)
Gansl- bzw. Entengewürz (s. S. 404)
1 Apfel und ½ Orange
100 g Wurzelgemüse
Rotwein
Honig
Schuss Orangensaft
Majoran
Salz, Pfeffer

ZUBEREITUNG

- Aus der Ente die Innereien herausnehmen und überschüssiges Fett entfernen. Innen und außen gut waschen.
- Innen mit Ganslgewürz gut einreiben, außen mit Salz, Pfeffer sowie Majoran würzen und mit Honig bestreichen.
- Den Apfel und die Orange in den Bauchraum geben.
- Backrohr auf 160 °C vorheizen.
- Das grob gewürfelte Wurzelgemüse sowie die Entenabschnitte (Hals etc.) in eine passende Bratenform einordnen und mit etwas Wasser übergießen.
- Die gewürzte Ente mit der Brust nach unten daraufsetzen und im heißen Backrohr etwa 30–45 Minuten braten.
- Anschließend herausnehmen und die Entenhaxerl auf beiden Seiten anstechen, damit das Fett abfließen kann. Die Ente umdrehen und weitere 30–45 Minuten braten. Währenddessen einen Schuss Rotwein und bei Bedarf auch etwas Wasser zugießen und die Ente wiederholt mit Bratensaft übergießen. Gegen Ende der Bratzeit die Temperatur nochmals etwas erhöhen auf 180–200 °C, damit die Ente schön knusprig wird.
- Sobald beim Anstechen der Haxerl nur mehr klarer Saft (und kein Blut mehr) austritt, die Ente herausnehmen. Kurz warm rasten lassen.
- Währenddessen den Bratenrückstand entfetten, mit etwa 60–70 ml Rotwein ablöschen und etwa 250 ml Wasser zugießen. Kurz aufkochen lassen. Mit Salz, Pfeffer, etwas Honig und Orangensaft abschmecken. Sauce abseihen und in einem Kännchen extra servieren.
- Ente tranchieren und anrichten.

VORBEREITUNGSZEIT: 10 Minuten
GARZEIT: ca. 1 ½ Stunden
BACKROHRTEMPERATUR: 160 °C und 180–200 °C
BEILAGENEMPFEHLUNG: Rotkraut, Erdäpfel- oder Semmelknödel

DER SPEZIELLE TIPP: Die Ente wird besonders knusprig, wenn Sie während der letzten 10 Minuten die Hitze erhöhen, am besten bei starker Oberhitze, und die Ente zuvor nochmals mit Honig bestreichen. Aber Acht geben, dass die Ente dabei nicht zu dunkel wird! Sie bräunt sehr rasch.

Rehrücken in der Gewürzkruste gebraten
mit Rahm-Erdäpfelnockerln

ZUTATEN

- 4 Rehfilets (Filets vom Rehrücken) zu je 150 g
- 100 ml Wildgrundsauce (s. S. 402)
- 2 EL Preiselbeermarmelade (oder frische Preiselbeeren)
- Salz, Pfeffer
- Wacholder (gemahlen)
- frisch gehackter Thymian zum Marinieren
- 2 Zweige Thymian zum Mitbraten
- 2 EL Olivenöl für die Marinade
- Öl

Für die Gewürzkruste

- 100 g Brösel von entrindetem Weißbrot
- je 1 Msp. Gelbwurz (ersatzweise Curry), Piment, Kardamom
- einige Chilifäden

Für die Rahm-Erdäpfelnockerl

- Erdäpfelteig II (s. S. 399)
- 100 ml Rahmsafterl (s. S. 403)
- 100 g Karottenwürfel
- 100 g Kohlrabiwürfel
- 100 g Lauchwürfel
- 1 TL Haselnussöl

ZUBEREITUNG

- Die Rehfilets salzen und pfeffern. Olivenöl mit etwas Wacholder und Thymian vermengen und die Filets damit einstreichen. Mit Klarsichtfolie abdecken und 1 Stunde ziehen lassen.
- Das Backrohr auf 180 °C vorheizen.
- Aus dem vorbereiteten Erdäpfelteig kleine Nockerl formen. In einem großen Topf Salzwasser aufkochen, Nockerl einlegen, 8–12 Minuten kochen und abtropfen lassen.
- Für die Gewürzkruste die Brösel mit den Gewürzen sowie den Chilifäden vermengen und die Filets darin wälzen. In heißem Öl rundum anbraten, die Thymianzweiglein zugeben und im heißen Backrohr 6–8 Minuten rosa braten. Wieder herausholen, in Alufolie hüllen und warm (am besten bei etwa 65 °C im halboffenen Backrohr) 4–5 Minuten rasten lassen.
- Währenddessen Karotte, Kohlrabi sowie Lauch in wenig Haselnussöl bissfest anschwitzen. Abgetropfte Nockerl zugeben, kurz durchrösten und Rahmsafterl zugießen. Warm halten.
- Für die Sauce das Fett aus der Bratenpfanne abgießen. Den Bratenrückstand mit Wildgrundsauce aufgießen, mit dem Schneebesen lösen und aufkochen. Abseihen, nochmals aufkochen und mit Preiselbeeren abschmecken.
- Die Filets tranchieren, auf vorgewärmten Tellern mit den Erdäpfelnockerln anrichten. Mit der Sauce beträufeln.

VORBEREITUNGSZEIT: 1 ½ Stunden
GARZEIT: Filets ca. 12 Minuten inkl. Rastenlassen, Nockerl je nach Größe 8–12 Minuten
BACKROHRTEMPERATUR: 180 °C
BEILAGENEMPFEHLUNG: Rotkraut oder heiße Kirschen, Preiselbeer- oder Wildsauce

Rosa Rehschlögel mit Wacholdersauce und Vanilleäpfeln

ZUTATEN

600 g ausgelöster Rehschlögel (von der Schale)
100 ml braune Grundsauce vom Wild (s. S. 402)
Vanilleäpfel (s. S. 390)
Salz, Pfeffer
Thymian
2 frische Thymianzweige
Wacholder (gemahlen)
Schuss Gin
1 KL Preiselbeeren
Olivenöl und Butter

ZUBEREITUNG

- Das Fleisch rundum mit Salz, Pfeffer und Thymian würzen, mit Olivenöl beträufeln und ziehen lassen.
- Das Backrohr auf 180 °C vorheizen und die Vanilleäpfel vorbereiten.
- In einer feuerfesten Pfanne etwas Butter schmelzen und den Rehschlögel gemeinsam mit den Thymianzweigen rundum anbraten. Ins Rohr schieben und weitere 8 Minuten rosa braten. Herausnehmen, in Alufolie einschlagen und bei 80 °C (evtl. im geöffneten Backrohr) noch 5–10 Minuten ziehen lassen.
- Inzwischen für die Wacholdersauce die braune Grundsauce mit dem Bratensatz, einer Prise Wacholder sowie einem Schuss Gin aufkochen. Nach Belieben abseihen und die Preiselbeeren einrühren. Nochmals abschmecken.
- Das Fleisch tranchieren und mit den Vanilleäpfeln anrichten. Mit Wacholdersauce beträufeln.

VORBEREITUNGSZEIT: 10 Minuten, Vanilleäpfel ca. 10 Minuten
GARZEIT: 15–20 Minuten inkl. Rastenlassen
BACKROHRTEMPERATUR: 180 °C
BEILAGENEMPFEHLUNG: in Butterschmalz gebratene Polentaschnitten (s. S. 170), gekochter Spargel und schwarze Nüsse

Rehgeschnetzeltes mit Böhmischen Knödeln

ZUTATEN

600 g Rehfleisch (Nuss, Frikandeau, Schlögel)
100 ml Olivenöl
1 EL Erdäpfelstärke
200 ml braune Grundsauce vom Wild (ersatzweise kräftiger Fond oder Suppe)
4 Champignons
1 Apfel
1 Schuss Weinbrand
Rotwein nach Bedarf
1 EL Preiselbeeren
4 zerstoßene Wacholderbeeren
frischer Thymian
Öl
Salz, Pfeffer
Böhmische Knödel (s. S. 161)

ZUBEREITUNG

- Das gut zugeputzte Fleisch in feine Streifen schneiden.
- Olivenöl mit Stärke glatt rühren, salzen, pfeffern und frisch gehackten Thymian sowie die zerstoßenen Wacholderbeeren unterrühren. Nun diese Marinade unter das Fleisch rühren und 1 Stunde ziehen lassen. (Durch die Stärke wird das Fleisch schön mürbe.)
- Inzwischen die Champignons in mundgerechte Stücke teilen, den Apfel in Würfel schneiden.
- Fleisch in einer heißen Pfanne, am besten in zwei Tranchen, rasch anbraten, dafür bei Bedarf etwas Öl zugießen. Herausheben und auf einen Teller geben.
- Zurückgebliebenes Öl wegschütten und die Champignons mit den Apfelwürfeln im Bratenrückstand anrösten. Preiselbeeren zugeben, mit Weinbrand ablöschen und mit der Grundsauce aufgießen. Aufkochen und sämig einkochen lassen. (Dabei bei Bedarf noch etwas Rotwein oder Wasser zugießen und nochmals einkochen lassen.)
- Sauce abschmecken, Fleisch mit dem Saft, der sich auf dem Teller gesammelt hat, zugeben und 3–4 Minuten auf kleiner Flamme köcheln lassen.
- Mit den vorbereiteten Böhmischen Knödeln anrichten.

VORBEREITUNGSZEIT: 1 Stunde
GARZEIT: 15 Minuten
BEILAGENEMPFEHLUNG: in Butter angeschwitzte Pilze, gebratene Apfelscheiben, Wurzelgemüse

Gerollter Wildschweinbraten mit Bierradi

ZUTATEN

- **1 kleine ausgelöste Wildschweinschulter (ca. 1,2 kg)**
- **1 Wurzelgemüse**
- **100 ml Bier**
- **50 g brauner Zucker**
- **100 ml heller Balsamicoessig**
- **Kräuteröl**
- **frischer Rosmarin**
- **Meersalz, frisch geschroteter Pfeffer**
- **Öl**

Für den Bierradi

- **1 Stange Bierradi (400 g)**
- **100 g Zucker**
- **200 ml Weißwein**
- **Salz, Pfeffer**

ZUBEREITUNG

- Das Fleisch so aufschneiden, dass es aufgeklappt werden kann. Zart klopfen und Flachsen sowie Sehnen wegschneiden, aber aufbewahren. Mit frischem Rosmarin, Meersalz, geschrotetem Pfeffer sowie Kräuteröl innen gut würzen. Fest zusammenrollen, in Klarsichtfolie einschlagen und am besten über Nacht ziehen lassen. (Je länger, desto besser wird das Aroma.)
- Dann die Roulade mit einem Küchenspagat fest zusammenbinden. Auch außen mit Pfeffer und Meersalz würzen.
- Backrohr auf 150 °C vorheizen.
- Wurzelgemüse feinwürfelig schneiden und mit den Fleischabschnitten in eine Bratenpfanne geben. Braten daraufsetzen, mit Öl bestreichen und im heißen Rohr 2–2 ½ Stunden braten. Währenddessen einige Male wenden und wiederholt mit einer Mischung aus Bier, Balsamicoessig und braunem Zucker übergießen.
- Für den Bierradi inzwischen den Radi schälen und in Scheiben schneiden. In einer Pfanne den Zucker erhitzen und hell karamellisieren. Bierradi einlegen (Achtung: sehr heiß!), wenden und mit Weißwein ablöschen. Mit Salz sowie Pfeffer abschmecken und 7–8 Minuten im Karamellsaft weich dünsten.
- Dann fertigen Rollbraten herausnehmen, tranchieren und anrichten.
- Saft abseihen und über das Fleisch träufeln. Mit Bierradi und Grießknödeln auftragen.

VORBEREITUNGSZEIT: am besten 12 Stunden
GARZEIT: 2 ½–3 Stunden
BACKROHRTEMPERATUR: 150 °C
BEILAGENEMPFEHLUNG: Grießknödel (s. S. 161)

Die süße Wiener Küche

WARME MEHLSPEISEN

Kaiserschmarren *Dieses Rezept stammt von Patrick Bayer*

ZUTATEN

- **4 Eier**
- **120 g glattes Mehl**
- **250 ml Milch**
- **30 g Kristallzucker**
- **1 TL Vanillezucker**
- **1–2 EL Rosinen**
- **Rum**
- **Salz**
- **Butterschmalz**
- **Zesten (Schalen) von 1 Zitrone**
- **Staub- und Kristallzucker**

ZUBEREITUNG

- Das Backrohr auf 180 °C vorheizen. Die Eier trennen. Dotter mit Milch, Mehl, Vanillezucker, abgeriebener Zitronenschale sowie einem Schuss Rum verrühren. Eiklar mit Kristallzucker steif schlagen und unterheben.
- In einer Pfanne etwas Butterschmalz erhitzen, Teig eingießen und etwa 2–3 Minuten anbacken, bis er braun wird. Rosinen darüber verteilen und im heißen Backrohr 6–8 Minuten fertig backen. Gegen Schluss den Teig mit zwei Gabeln auseinanderreißen.
- Nach Belieben vor dem Servieren in einer Pfanne einige Butterflocken und etwas Kristallzucker kurz zergehen lassen und die Teigstücke darin noch kurz schwenken.
- Anrichten und mit Staubzucker bestreuen.

VORBEREITUNGSZEIT: 8 Minuten
BACKZEIT: ca. 8–12 Minuten
BACKROHRTEMPERATUR: 180 °C
BEILAGENEMPFEHLUNG: Zwetschkenröster, Kompott

DER SPEZIELLE TIPP: Wenn Sie das Eiklar mit einem Schneebesen, also nicht maschinell, aufschlagen, so erhält der Schnee mehr Volumen – und der Kaiserschmarren schmeckt viel luftiger, einfach besser! *Foto links*

Grießschmarren

ZUTATEN

- **1 l Milch**
- **500 g Weizengrieß**
- **200 g Butter**
- **50 g Kristallzucker**
- **50 g Rosinen**
- **etwas Zitronenschale**
- **Prise Salz**
- **Staubzucker zum Bestreuen**

ZUBEREITUNG

- Die Milch mit einer Prise Salz und Grieß langsam aufkochen lassen. Unter kräftigem Rühren gut einkochen. Vom Feuer nehmen und etwas überkühlen lassen.
- In einer Pfanne Butter schmelzen, die Grießmasse zugeben und unter wiederholtem Zerkleinern der Masse mit einer Gabel ausdünsten lassen.
- Ist die Masse etwas angeröstet, Kristallzucker sowie Rosinen und etwas Zitronenschale untermengen. So lange weiterrösten, bis der Grießschmarren knusprig und braun geworden ist.
- Auf vorgewärmten Tellern anrichten und vor dem Servieren mit Zucker bestreuen. Mit Zwetschkenröster auftragen.

KOCHZEIT: 30 Minuten
GARNITUREMPFEHLUNG: Zwetschkenröster (s. S. 389)

Palatschinken mit Marillenmarmelade

ZUTATEN FÜR 8 PALATSCHINKEN

- **250 ml Milch**
- **1 Ei**
- **150 g glattes Mehl**
- **Salz**
- **Butterschmalz zum Herausbacken**
- **Marillenmarmelade**
- **Staubzucker zum Bestreuen**

ZUBEREITUNG

- Für den Teig die Milch mit Ei, Mehl und einer Prise Salz verrühren.
- In einer Palatschinkenpfanne etwas Butterschmalz zerlassen, etwas Teig eingießen, durch Schwenken der Pfanne gleichmäßig auseinanderlaufen lassen und goldgelb anbacken. Wenden und ebenfalls goldbraun backen.
- Herausheben und warm stellen. Die restlichen Palatschinken ebenso backen.
- Fertige Palatschinken mit leicht erwärmter Marillenmarmelade bestreichen, zusammenrollen oder einmal in der Hälfte und danach nochmals zusammenschlagen. Mit Staubzucker bestreuen.

VORBEREITUNGSZEIT: 5 Minuten
BACKZEIT: 3–4 Minuten pro Palatschinke

Foto rechts

Überbackene Topfenpalatschinken

ZUTATEN

- **16 Palatschinken (s. oben)**
- **80 g Butter**
- **40 g Staubzucker**
- **4 Eier**
- **80 g Kristallzucker**
- **250 g Sauerrahm**
- **400 g Topfen**
- **40 g Rosinen**
- **etwas abgeriebene Zitronenschale**
- **Vanillezucker**
- **Salz**
- **Butter für die Backform**
- **Staubzucker zum Bestreuen**

Für den Überguss

- **250 g Sauerrahm**
- **2 Eier**
- **125 ml Milch**
- **40 g Zucker**

ZUBEREITUNG

- Die Palatschinken nach Anleitung backen und übereinandergestapelt warm halten.
- In einer Schüssel die Butter mit Staubzucker schaumig rühren.
- Das Backrohr auf 160 °C vorheizen.
- Die Eier trennen und die Dotter mit Rahm, Topfen, Salz, Vanillezucker und geriebener Zitronenschale unter die Buttermasse rühren.
- Eiklar mit Kristallzucker zu Schnee schlagen und mit den Rosinen unter die Dottermasse heben.
- Eine passende Auflaufform mit Butter ausstreichen.
- Die Palatschinken jeweils mit etwas Fülle bestreichen, zusammenrollen, halbieren und dachziegelartig in die Backform einschlichten.
- Ins heiße Rohr schieben und kurz anbacken.
- Für den Überguss alle Zutaten miteinander verrühren.
- Nach kurzem Anbacken den Überguss über die Palatschinken gießen und insgesamt ca. 30 Minuten goldgelb backen.
- Vor dem Servieren mit Staubzucker bestreuen und auftragen.

VORBEREITUNGSZEIT: 25–30 Minuten
BACKZEIT: 30 Minuten
BACKROHRTEMPERATUR: 160 °C

Liwanzen mit Powidl

ZUTATEN

- 240 g glattes Mehl
- 30 g Germ
- 2 Eier
- 40 g zerlassene Butter
- 375 ml Milch
- Zitronenzesten (-schalen)
- Salz
- Butterschmalz zum Backen
- 200 g Powidl (oder Topfen) zum Füllen
- Rum

ZUBEREITUNG

- Milch lauwarm erhitzen und mit Mehl sowie Germ zu einem Dampfl vermengen. An einem warmen Ort 15 Minuten gehen lassen. Eier trennen. Dotter mit zerlassener Butter, Zitronenzesten, einer kleinen Prise Salz und dem Dampfl zu einem weichen Germteig verarbeiten.
- Eiklar zu Schnee schlagen und unterziehen. Teig 30 Minuten rasten lassen.
- Eine Dalkenpfanne (mit Vertiefungen) gut mit Butterschmalz ausstreichen, erhitzen, Teig einfüllen und die Liwanzen auf beiden Seiten goldgelb backen. (Oder in eine gebutterte Pfanne in Form von kleinen Krapferln hineinsetzen.)
- Inzwischen den Powidl mit einem Schuss Rum glatt rühren. (Wenn Sie Topfen verwenden, diesen mit einem Schuss Rum, etwas Zucker und Zesten verrühren.)
- Liwanzen anrichten, mit Powidl bestreichen (oder mit Hilfe eines Spritzsacks aufspritzen) und nach Belieben mit oder ohne Deckel servieren.

VORBEREITUNGSZEIT: 45–50 Minuten
BACKZEIT: 6–8 Minuten

Foto links

Germknödel

ZUTATEN FÜR CA. 12 STÜCK

- 20 g Germ
- 125 ml Milch
- 500 g Mehl
- 100 g Butter
- 20 g Zucker
- 1 Ei
- 1 Eidotter
- Prise Salz
- Zitronenschale
- 150 g Powidl
- Butter und Butterbrösel (s. S. 396)

ZUBEREITUNG

- In einer Schüssel Germ mit warmer Milch und wenig Mehl zu einem Dampfl ansetzen. Abgedeckt an einem warmen Ort gehen lassen.
- Dann mit dem restlichen Mehl, flüssiger Butter, Zucker, dem Ei und Eidotter, etwas Salz und Zitronenschale zu einem glatten, etwas festeren Teig vermengen. Dabei den Teig so lange abschlagen, bis er sich vom Kochlöffel löst. Mit einem Tuch abgedeckt ca. 1 Stunde aufgehen lassen.
- Nun den Teig ausrollen und in ca. 12 Stücke teilen. Jedes Teigstück etwas platt drücken, mit Powidl füllen und zu einem Knödel formen. Auf ein mit Mehl bestäubtes Blech setzen und abgedeckt 25 Minuten rasten lassen.
- Währenddessen in einem großen Topf leicht gesalzenes Wasser aufkochen.
- Knödel einlegen, einmal gut aufkochen, umdrehen und dann 12 Minuten leicht wallend ziehen lassen.
- Inzwischen die Butterbrösel vorbereiten.
- Knödel herausheben, abtropfen lassen und mit Butterbröseln bestreuen. Nach Belieben noch mit flüssiger Butter beträufeln.

ZUBEREITUNGSZEIT: ca. 2 Stunden
GARZEIT: ca. 15 Minuten

Schupfnudeln mit Mohn und Nüssen

(Mohn- und Nussnudeln)

ZUTATEN FÜR 4 GROSSE ODER 6–8 KLEINE PORTIONEN

Für den Erdäpfelteig

1 kg am Vortag gekochte Erdäpfel

Salz, Muskatnuss

400 g Mehl

2 EL Stärke

6 Dotter

Staubzucker zum Bestreuen

Für die Nussnudeln

250 g geriebene Nüsse

100 g Kristallzucker

50 g Butter

Für die Mohnnudeln

200 g geriebener Mohn

100 g Kristallzucker

150 g Butter

ZUBEREITUNG

- Erdäpfel schälen, durch eine Presse drücken und mit den Eidottern, Mehl, Stärke sowie einer kleinen Prise Muskatnuss und Salz zu einem Teig verarbeiten.
- Den Teig zu einer Rolle formen, kleine Stücke abschneiden und diese zu kleinen, fingerdicken Nudeln wälzen.
- In einem Topf reichlich leicht gesalzenes Wasser aufkochen, Schupfnudeln einlegen und einmal aufkochen lassen. Bei milder Hitze noch 3–4 Minuten mehr ziehen als kochen lassen, bis sie aufsteigen. Herausheben und abtropfen lassen.
- Für die Nussnudeln in einer Pfanne die geriebenen Nüsse mit Kristallzucker und Butter goldgelb rösten.
- Für die Mohnnudeln in einer anderen Pfanne den geriebenen Mohn mit Kristallzucker und Butter kurz anrösten.
- Jeweils die Hälfte der Schupfnudeln in Mohn bzw. Nüssen wälzen.
- Anrichten und vor dem Servieren mit Staubzucker bestreuen.

VORBEREITUNGSZEIT: 20 Minuten bei vorgekochten Erdäpfeln
KOCHZEIT: 3–4 Minuten

DER SPEZIELLE TIPP: Für Bröselnudeln werden die gekochten und abgetropften Schupfnudeln in gezuckerten Bröseln gewälzt.

Geschupfte Wunderwuzis

Schupfnudeln hatten im alten Wien Hochsaison. Nicht aus nostalgischen Gründen – das bleibt unserer schnelllebigen Zeit vorbehalten –, sondern weil sich die von Hand gewuzelten Nudeln aus Erdäpfelteig mit relativ geringem Wareneinsatz so vielseitig zubereiten ließen. Allerdings kamen Schupfnudeln, ob mit süßen Bröseln überzogen, in saftigen, süßen Nüssen gewälzt oder in Begleitung von fein gezuckertem Mohn in einfachen Haushalten weniger oft als üppiges Dessert, sondern vielmehr als sättigende Hauptmahlzeit auf den Tisch. Dazu servierte man selbst eingelegtes Kompott. Und wenn es einmal besonders schnell gehen musste, dann wurden die Nudeln nicht lange gewuzelt, sondern schlossen ganz einfach in Form von fertigen Bandnudeln mit Mohn und Bröseln Bekanntschaft.

Schneenockerl

ZUTATEN

4 Eiklar

120 g Kristallzucker für den Schnee

300 ml Milch

2 EL Vanillezucker

50 g Kristallzucker für die Milch

Schuss Rum

warme Vanillesauce **(s. S. 393)**

warme Schokoladesauce **(s. S. 394)**

ZUBEREITUNG

- Zuerst die Vanille- und Schokoladesauce wie angegeben vorbereiten. Warm halten.
- Eiklar in einer Schüssel leicht an-, aber nicht gleich fest schlagen. Zucker zugeben und erst jetzt richtig fest schlagen.
- Milch mit Vanillezucker, Kristallzucker und einem Schuss Rum kurz aufkochen.
- Mit zwei Löffeln aus der Schneemasse Nockerl mit 3 Kanten formen und in die Milch einlegen. Auf jeder Seite jeweils 2 Minuten ziehen lassen. Herausheben und mit Vanille- und Schokoladesauce anrichten.

KOCHZEIT: Nockerl 6 Minuten

DER SPEZIELLE TIPP: Kaum zu glauben, aber dennoch wahr: Schneenockerl, die in der Mikrowelle 30–45 Sekunden gegart werden, schmecken besonders gut und fallen nicht so schnell zusammen!

Salzburger Nockerl

ZUTATEN

- **5 Eiklar**
- **3 Eidotter**
- **60 g Zucker**
- **20 g glattes Mehl**
- **1 Pkt. Vanillezucker**
- **Butter und Milch für die Form**
- **Staubzucker zum Bestreuen**

ZUBEREITUNG

- Eiklar in einer Schüssel beginnen aufzuschlagen und erst, wenn die Masse langsam fester wird, mit Zucker ausschlagen. So lange schlagen, bis der Schnee beim Durchfahren mit einem Kochlöffel Schlieren (Spuren) zieht. Er darf allerdings nicht zu steif geraten, da er sonst zu rasch zusammenfällt. Beim Umdrehen der Schüssel muss der Schnee auf jeden Fall haften bleiben.
- Dotter, Vanillezucker und Mehl mit einem Kochlöffel oder einer Teigkarte nur ganz kurz unter die Masse heben und keinesfalls mit dem Mixer oder Schneebesen .
- Eine passende Form mit Butter ausstreichen und wenig Milch eingießen.
- Das Backrohr auf 220 °C Heißluft vorheizen.
- Masse wenn möglich mit einer Teigkarte bereits am Kesselrand zu Nockerln formen und diese in die vorbereitete Form setzen. (Oder erst in der Form mit Hilfe der Teigkarte die Masse zu den typischen großen Nockerln formen.) Im heißen Rohr 8–10 Minuten backen.
- Herausheben, mit Staubzucker bestreuen und rasch servieren, damit die Nockerl nicht zu früh zusammenfallen.

VORBEREITUNGSZEIT: 10 Minuten
BACKZEIT: 8–10 Minuten
BACKROHRTEMPERATUR: 220 °C Heißluft

DER SPEZIELLE TIPP: Etwas gehaltvoller schmecken diese luftigen Nockerl, wenn die Form vor dem Hineinsetzen der Nockerl mit Biskotten ausgelegt wird, die vorher in Rum getränkt wurden und danach mit Preiselbeeren bestrichen werden. Auch in Scheiben geschnittene Biskuitroulade verfeinert Salzburger Nockerl auf diese Weise.

Scheiterhaufen mit Zwetschkenröster

ZUTATEN

1 Germteig-Butterstriezel (ca. 1 kg) oder Brioche etc.
500 ml Milch
4 Eier
1 EL Vanillezucker
80 g Kristallzucker
600 g Äpfel
50 g Rosinen
Zimt
Butter für die Form
Staubzucker zum Bestreuen
Zwetschkenröster (s. S. 389)

Für den Schnee

4 Eiklar
80 g Kristallzucker

ZUBEREITUNG

- Den Striezel in Scheiben schneiden. Die Milch mit Eiern, Vanille- sowie Kristallzucker versprudeln. Die Äpfel blättrig schneiden und mit Zimt sowie den Rosinen vermengen.
- Eine passende Auflaufform mit Butter ausstreichen. Backrohr auf 170 °C vorheizen.
- Nun die Striezelscheiben in Milch wenden und in die Form einschichten, mit Äpfeln bedecken und diesen Vorgang so lange wiederholen, bis alles verbraucht ist. Mit einer Schicht Striezel abschließen.
- Die Hälfte der Milch darübergießen und im heißen Rohr etwa 20 Minuten backen. Dabei nach 10 Minuten die restliche Milch darübergießen, goldbraun und fertig backen.
- Inzwischen Eiklar mit Zucker zu Schnee schlagen. Auf den Scheiterhaufen auftragen (dafür nach Belieben in einen Spritzsack füllen) und bei großer Oberhitze noch 5 Minuten fertig überbacken. Herausnehmen, portionieren und vor dem Servieren mit Staubzucker bestreuen. Mit Zwetschkenröster auftragen.

VORBEREITUNGSZEIT: 10 Minuten
BACKZEIT: ca. 25 Minuten
BACKROHRTEMPERATUR: 170 °C, dann maximale Oberhitze

DER SPEZIELLE TIPP: Schnee wird besonders stabil und fällt auch nach dem Backen nicht zusammen, wenn man das Eiklar statt mit gewöhnlichem Kristallzucker mit zum Flug gekochten, flüssigen Zucker schlägt. Dafür beispielsweise 150 g Zucker mit 5 EL Wasser 6–10 Minuten zum Flug kochen.

Kipferlkoch

ZUTATEN

5 altbackene Butterkipferl
300 g Äpfel
30 g Rosinen
20 g Kristallzucker
Zimt
125 ml Milch
1 Eidotter
60 g Butter für die Form und Flocken
Staubzucker zum Bestreuen

Zum Übergießen der Kipferl

125 ml Milch
1 Ei
30 g Kristallzucker
Prise Salz

ZUBEREITUNG

- Die Kipferl in Scheiben schneiden. Zum Übergießen der Kipferl die kalte Milch mit Zucker und Ei versprudeln, mit einer Prise Salz würzen und über die Kipferl gießen.
- Das Backrohr auf 170 °C vorheizen.
- Eine passende Auflaufform mit Butter ausstreichen und die Hälfte der Kipferlmasse einfüllen.
- Äpfel blättrig schneiden, dabei das Kerngehäuse entfernen, und über die Kipferlmasse verteilen. Mit Rosinen, Zucker und Zimt bestreuen. Die restliche Kipferlmasse auftragen.
- Die Milch mit dem Dotter versprudeln und über den Auflauf gießen. Mit Butterflocken großzügig belegen.
- Im heißen Backrohr ca. 45 Minuten knusprig und goldbraun backen.
- Herausheben und vor dem Servieren mit Staubzucker bestreuen.
- Nach Belieben mit Zwetschkenröster oder Kompott auftragen.

VORBEREITUNGSZEIT: 15 Minuten
BACKZEIT: 45 Minuten
BACKROHRTEMPERATUR: 170 °C
GARNITUREMPFEHLUNG: Zwetschkenröster und Kompott

Koch. Das.

Gäbe es diese geniale Resteverwertung nicht, man müsste sie glatt nochmals erfinden, alleine schon wegen der herrlich-luftigen Konsistenz, die diese Süßspeise auszeichnet. Ob altbackenes Gebäck, Kipferl, Brioche oder Biskuit – mit aufgeschlagenem Schnee und passenden Aromazutaten wie Schokolade, Nüssen, Kastanien oder klein geschnittenem Obst erstehen all diese Überbleibsel zu neuem kulinarischem Leben. Um das Koch jedoch ins rechte Licht zu rücken: In der Alt-Wiener Küche gab es sehr wohl auch auflaufähnliche Süßspeisen, und nichts anderes ist mit dem Koch gemeint, die ganz ohne Hintergedanken aus frischen Zutaten zubereitet wurden. Als Zeugen aufgerufen: das Schokoladekoch, das Weinkoch, das Vanillekoch, das Mandelkoch und, und, und.

Gebackene Mäuse

ZUTATEN

- **300 g glattes Mehl**
- **ca. 200 ml Milch**
- **1–2 EL Kristallzucker**
- **3 Eidotter**
- **60 g Butter**
- **1 EL Rum**
- **15 g Germ**
- **Prise Salz**
- **Zimtzucker (Zucker, mit Zimt vermischt) zum Wälzen**
- **Butterschmalz oder Öl zum Herausbacken**
- **Staubzucker zum Bestreuen**

ZUBEREITUNG

- In einer Schüssel aus zerbröselter Germ, wenig Zucker, einer Prise Salz, etwas lauwarmer Milch und ein wenig Mehl ein Dampfl ansetzen. Abgedeckt an einem warmen Ort gehen lassen.
- Dann Butter schmelzen lassen und mit dem Dampfl sowie den Eidottern und den restlichen Zutaten zu einem schönen Germteig abschlagen. Dabei so lange schlagen, bis sich der Teig vom Kochlöffel löst.
- Abermals abgedeckt an einem warmen Ort 30 Minuten rasten lassen.
- Nun in einer großen, tiefen Pfanne reichlich Fett erhitzen.
- Aus dem Teig mit einem Löffel Nockerl formen und diese im heißen Fett unter ständigem Schütteln der Pfanne von allen Seiten hellbraun herausbacken.
- Herausheben, auf Küchenkrepp abtropfen lassen und in Zimtzucker wälzen.
- Anrichten und vor dem Auftragen noch mit Staubzucker bestreuen.

VORBEREITUNGSZEIT: 1 Stunde
BACKZEIT: ca. 8 Minuten
BEILAGENEMPFEHLUNG: Frucht- oder Vanillesauce

Gebackene Apfelspalten

ZUTATEN

- **4 Äpfel**
- **Zimt und Rum zum Marinieren**
- **100 g Kristallzucker**
- **Backteig (s. S. 401)**
- **Öl zum Herausbacken**
- **Staubzucker zum Bestreuen**

ZUBEREITUNG

- Die Äpfel in knapp fingerdicke Scheiben schneiden, das Kerngehäuse aus der Mitte ausschneiden.
- Kristallzucker mit einer kräftigen Prise Zimt vermengen.
- Nun die Apfelscheiben auf beiden Seiten mit Rum beträufeln, mit der Zimt-Zucker-Mischung bestreuen und zugedeckt 15 Minuten ziehen lassen.
- Den Backteig vorbereiten.
- Dann in einer tiefen Pfanne reichlich Öl erhitzen (auf ca. 160 °C).
- Apfelscheiben durch den vorbereiteten Backteig ziehen und in heißem Öl langsam, bei nicht zu großer Hitze, beidseitig goldgelb herausbacken.
- Herausheben, auf Küchenkrepp abtropfen lassen und vor dem Servieren mit Staubzucker bestreuen.

VORBEREITUNGSZEIT: 30 Minuten
BACKZEIT: 4–7 Minuten

Gebackener Holler
(Hollerblüten in Weinteig)

ZUTATEN

- schöne Hollerblüten
- 250 ml Weißwein
- 250 g glattes Mehl
- 2 EL Rum
- 2 EL (Löwenzahn-)Honig
- 2 Eier
- Zimt und Zucker zum Bestreuen
- Pflanzenöl oder Schmalz zum Herausbacken

ZUBEREITUNG

- Wein mit Mehl, Rum, Honig und Eiern zu einem flüssigen Teig verarbeiten und ½ Stunde rasten lassen.
- Die Hollerblüten in Wasser einlegen und gut abtropfen lassen bzw. mit Küchenkrepp trocken tupfen.
- In einer hohen Pfanne Öl oder Fett (auf 160–170 °C) erhitzen.
- Die Hollerblüten in den Teig eintauchen, leicht abtropfen lassen und im heißen Fett goldgelb backen. Mit einem Schaumlöffel herausheben und auf Küchenpapier abtropfen lassen.
- Anrichten und mit Zimtzucker bestreuen.

VORBEREITUNGSZEIT: 35 Minuten
BACKZEIT: 3–5 Minuten

Foto rechts

Powidlpofesen

ZUTATEN

- 4 Semmeln (oder 8 Scheiben Toastbrot)
- ca. 300 ml Milch
- 2 Eier
- 1–2 EL Mehl
- 1 Pkt. Vanillezucker
- Powidl nach Bedarf
- Zimt
- Staub- oder Zimtzucker nach Belieben
- Butterschmalz oder Öl

ZUBEREITUNG

- Die Semmeln mit einem scharfen Messer etwas entrinden und aufschneiden (Toastbrot ebenfalls entrinden).
- Semmeln großzügig mit Powidl bestreichen und wieder zusammensetzen.
- Die Milch in einen tiefen Teller gießen und mit Vanillezucker verschlagen.
- In einem anderen tiefen Teller die Eier mit wenig Mehl verrühren und mit Zimt würzen.
- Nun in einer tiefen, großen Pfanne reichlich Butterschmalz oder Öl erhitzen.
- Inzwischen die Semmeln auf beiden Seiten nur kurz in der Milch ziehen lassen. (Achtung: Frisches Toastbrot saugt sich sehr rasch voll, daher wirklich nur kurz wenden!)
- Durch die verschlagenen Eier ziehen und im heißen Fett beidseitig goldbraun ausbacken.
- Herausheben, auf Küchenkrepp abtropfen lassen und anrichten.
- Vor dem Servieren mit Staub- oder Zimtzucker bestreuen.

VORBEREITUNGSZEIT: 10–15 Minuten
BACKZEIT: ca. 5–7 Minuten

Schlosserbuben
(Wiener Wäschermädel)

ZUTATEN

Variante Schlosserbuben

500 g große getrocknete Pflaumen
50 g geschälte Mandeln

Variante Wiener Wäschermädel

8–12 reife Marillen oder entsprechend mehr getrocknete Marillen
150–200 g Marzipan
Schuss Rum oder Marillenschnaps

Für beide Varianten

Backteig (s. S. 401)
Zimtzucker (Kristallzucker, mit Zimt vermischt)
Staubzucker und/oder geriebene Schokolade
Öl

ZUBEREITUNG

- Für die Schlosserbuben die Pflaumen in Wasser einige Stunden einweichen.
- Dann die Kerne herauslösen und stattdessen die Mandeln hineingeben. Pflaumen wieder zusammendrücken.
- Für die Wiener Wäschermädel die Marillen nach Belieben kurz in siedendem Wasser überbrühen. Mit einem Kochlöffel die Kerne hinausdrücken. Marzipan mit einem Schuss Rum oder Marillenschnaps verkneten, zu kleinen Kügelchen formen und diese statt der Kerne in die Marillen drücken.
- Den Backteig vorbereiten.
- Nun in einer tiefen Pfanne reichlich Öl erhitzen (auf ca. 160 °C).
- Die Pflaumen oder Marillen mit Hilfe einer Gabel durch den Backteig ziehen und im heißen Öl langsam, bei nicht zu großer Hitze, rundum goldgelb herausbacken.
- Herausheben und auf Küchenkrepp abtropfen lassen.
- Auf einem Teller Zimt und Kristallzucker vermengen und die Schlosserbuben bzw. Wäschermädel darin wälzen.
- Anrichten und vor dem Servieren mit Staubzucker und/oder geriebener Schokolade bestreuen.

VORBEREITUNGSZEIT: einige Stunden für das Einweichen der Pflaumen (siehe Tipp), dann 20 Minuten
BACKZEIT: 5–7 Minuten
BEILAGENEMPFEHLUNG: Vanillesauce

DER SPEZIELLE TIPP: Wenn Sie nicht genügend Zeit zur Verfügung haben, um die Pflaumen stundenlang einzuweichen, so können Sie die getrockneten Pflaumen auch in etwas Wasser, das Sie zuvor mit einem kräftigen Schuss Rum aromatisiert haben, halb weich kochen.

Milchreis

ZUTATEN

- **250 g Rundkornreis**
- **1 l Milch**
- **100 g Butter**
- **200 g Kristallzucker**
- **Mark von 1 ausgekratzten Vanilleschote**
- **Zimt**
- **Salz**
- **Schokoladeflocken oder geriebene Schokolade zum Bestreuen**

ZUBEREITUNG

- Den Reis in Wasser kurz blanchieren (überbrühen) und wieder abtropfen lassen.
- In einem Topf die Milch mit in Stückchen geschnittener Butter vermengen. Vanillemark, Zucker sowie je eine Prise Zimt und Salz zugeben und alles unter wiederholtem Umrühren langsam aufkochen lassen.
- Reis in die aufgekochte Milch einrühren, Hitze reduzieren und möglichst langsam und bei ständigem Umrühren so lange köcheln lassen, bis die Milch vom Reis aufgenommen wurde und der Reis schön weich geworden ist.
- Nochmals abschmecken und auf vorgewärmten Tellern anrichten.
- Mit Schokoladeflocken oder geriebener Schokolade bestreuen. Warm auftragen.

VORBEREITUNGSZEIT: 10 Minuten
KOCHZEIT: ca. 45 Minuten
BEILAGENEMPFEHLUNG: eingelegte Früchte oder Kompott
DER SPEZIELLE TIPP: Für feinen kalten Reispudding mischen Sie unter den fertig gekochten Milchreis 2–3 eingeweichte Gelatineblätter, schmecken mit einem kräftigen Schuss Rum ab und füllen die Masse in kleine Förmchen. Danach gut durchkühlen und fest werden lassen. Mit Himbeer- oder Erdbeersauce servieren.

Mohr im Hemd

ZUTATEN

- **100 g Butter**
- **50 g Staubzucker**
- **6 Eidotter**
- **6 Eiklar**
- **100 g geriebene ungeschälte Mandeln**
- **100 g geriebene Schokolade**
- **50 g Kristallzucker**
- **Butter und Staubzucker für die Förmchen**

ZUBEREITUNG

- In einer Schüssel die Butter mit Staubzucker schaumig schlagen. Dotter einrühren.
- Geriebene Mandeln und Schokolade einmengen. Das Backrohr auf 180 °C vorheizen.
- Eiklar mit Kristallzucker zu steifem Schnee schlagen und unter die Masse ziehen.
- Passende kleine Förmchen mit Butter ausstreichen und mit Staubzucker ausstreuen. Masse einfüllen.
- Eine große Backform mit kochendem Wasser so weit füllen, dass die Förmchen maximal zu zwei Dritteln im Wasser stehen.
- Im heißen Backrohr (oder auch auf dem Herd) ca. 40 Minuten garen.
- Herausnehmen, auf Teller stürzen und nach Belieben mit Schlagobers und warmer Schokoladesauce garnieren.

VORBEREITUNGSZEIT: 10 Minuten
GARZEIT: 40 Minuten
BACKROHRTEMPERATUR: 180 °C
BEILAGENEMPFEHLUNG: warme Schokosauce und gesüßtes Schlagobers

Reisauflauf mit Äpfeln

ZUTATEN FÜR 8 PORTIONEN

- 1 l Milch
- 750 g Äpfel
- 250 g Rundkornreis
- 10 Eidotter
- 10 Eiklar
- 200 g Zucker
- 100 g Butter
- Mark von 1 Vanilleschote
- Saft und Schale von 1 Zitrone
- Zimt und Zucker
- Salz
- Butter und Zucker für die Form

Für die weiße Schokoladecreme

- 500 ml Milch
- 300 g weiße Schokolade
- 100 g Zucker
- 50 g Rosinen
- je 1 Schuss Rum und Cointreau (Orangenlikör)

ZUBEREITUNG

- Für den Auflauf in einem Topf die Milch mit Butter, einer Prise Salz und dem Mark der Vanilleschote aufkochen.
- Reis in leicht gesalzenem Wasser ganz kurz blanchieren (überbrühen), abgießen, abtropfen lassen und unter die Milch mengen. So lange kochen, bis die Milch zur Gänze aufgenommen worden ist. Überkühlen lassen.
- Inzwischen Eidotter mit der Hälfte des Zuckers und etwas abgeriebener Zitronenschale schaumig aufschlagen. Mit dem kalten Reis vermengen.
- Äpfel schälen, grob reißen und mit Zimt sowie Zucker nach Geschmack und Zitronensaft vermengen. 10 Minuten stehen lassen, dann durch ein Sieb gut ausdrücken.
- Das Backrohr auf 160 °C vorheizen. Eine passende Auflaufform (oder mehrere kleinere Förmchen) mit Butter ausstreichen, mit Zucker ausstreuen.
- Eiklar mit der restlichen Hälfte des Zuckers steif schlagen. Unterziehen.
- Die Hälfte der Masse in die Auflaufform füllen, Apfelmasse auftragen und mit der restlichen Reismasse abdecken.
- Im heißen Backrohr 35 Minuten backen.
- Währenddessen für die Schokoladecreme die Milch mit der in Stücke gebrochenen Schokolade aufkochen. Zucker einrühren und auf die Hälfte einreduzieren (einkochen) lassen, bis die Creme schön sämig ist.
- Rosinen in wenig Wasser einmal aufkochen, ziehen lassen und dann wieder abgießen.
- Schokoladecreme in einen Mixer geben, aufmixen und mit je einem Schuss Rum und Cointreau abschmecken. Rosinen zugeben und die Creme in Schälchen füllen.

VORBEREITUNGSZEIT: 25 Minuten
BACKZEIT: 35 Minuten, kleinere Förmchen bis zu 10 Minuten weniger
BACKROHRTEMPERATUR: 160 °C

Alt-Wiener Apfelauflauf

ZUTATEN

- 150 g Butter
- 150 g Zucker
- 10 Eier
- 120 g geriebene Mandeln oder Haselnüsse
- 120 g Biskuitbrösel
- Zitronenzesten (-schalen)
- Butter für die Form
- Oblaten zum Abdecken
- Staubzucker zum Bestreuen

Für die Füllmasse

- 1 kg Äpfel
- 150 g Zucker
- Mark von 1 Vanilleschote
- Schuss Rum
- Saft von 2 Zitronen
- Zimt

ZUBEREITUNG

- Die Äpfel grob reiben und mit Zucker, einer Prise Zimt, dem ausgekratzten Mark der Vanilleschote, einem Schuss Rum sowie Zitronensaft gut durchmischen.
- Backrohr auf 160 °C vorheizen.
- Die Eier trennen. Butter mit der Hälfte des Zuckers sowie den Zitronenzesten schaumig rühren. Dotter nach und nach einrühren.
- Eiklar mit restlichem Zucker steif schlagen. Mit den Mandeln und Biskuitbröseln unter die Dottermasse heben.
- Eine passende Auflaufform (oder mehrere kleinere Förmchen) mit Butter ausstreichen.
- Die Hälfte der Masse einfüllen, mit Oblaten abdecken und die Äpfel darauf verteilen. Mit der restlichen Masse auffüllen.
- Ins heiße Backrohr schieben und 35–45 Minuten backen, bis beim Hineinstechen mit einer Nadel keine Teigreste mehr daran haften bleiben.
- Herausheben und mit Staubzucker bestreuen.

VORBEREITUNGSZEIT: 30 Minuten
BACKZEIT: je nach Form 35–45 Minuten
BACKROHRTEMPERATUR: 160 °C
GARNITUREMPFEHLUNG: Orangensauce (s. S. 394)

DER SPEZIELLE TIPP: Dieser Auflauf lässt sich auch mit Birnen für die Füllmasse zubereiten.

Schokoladeauflauf
mit Vanilleschaum und Weichseln

ZUTATEN FÜR 10 KLEINE PORTIONEN

125 g Butter
100 g Kochschokolade
4 Eier
150 g geriebene Nüsse
50 g Staubzucker
50 g Kristallzucker
50 g glattes Mehl
Butter für die Förmchen

Für die Weichseln

500 g Weichseln
500 g Kristallzucker
250 ml Johannisbeersaft

Für den Vanilleschaum

250 ml Schlagobers
80 g Staubzucker
½ Pkt. Bourbon-Vanille-zucker
Schuss Rum

ZUBEREITUNG

- Schokolade in Stücke brechen und im Wasserbad schmelzen. Das Backrohr auf 160 °C vorheizen.
- Inzwischen Butter mit Staubzucker schaumig rühren. Eier trennen und die Dotter einrühren. Flüssige Schokolade einmengen und gut verrühren.
- Nüsse und Mehl unterheben.
- Eiklar mit Kristallzucker steif schlagen und unterheben.
- Kleine Portionsförmchen mit Butter ausstreichen und die Masse einfüllen. Im heißen Backrohr dämpfen. Die Förmchen in einen Dämpfeinsatz stellen (oder in einen Bambusdämpfkorb oder einen breiten Topf zu einem Drittel mit Wasser füllen, 2 Tassen hineingeben, die Förmchen auf einen Teller stellen und Topf abdecken) und abgedeckt ca. 25 Minuten im Rohr backen.
- Währenddessen die Weichseln entkernen. In einem Topf Kristallzucker erhitzen und karamellisieren. Mit Johannisbeersaft ablöschen, die Weichseln zugeben und kurz aufkochen lassen.
- Für den Vanilleschaum Obers mit Staubzucker, Vanillezucker sowie einem Schuss Rum gemeinsam gut aufschlagen.
- Schokoladeauflauf auf Teller stürzen und mit Weichseln sowie Vanilleschaum garnieren.

VORBEREITUNGSZEIT: 8–10 Minuten
GARZEIT: 25 Minuten
BACKROHRTEMPERATUR: 160 °C

Flüssiger Schokoladeauflauf

ZUTATEN FÜR
6 KLEINE PORTIONEN

2 Eier
50 g Kristallzucker
100 g dunkle Schokolade
100 g Butter
20 g glattes Mehl
Butter für die Förmchen

ZUBEREITUNG

- Das Backrohr auf 180 °C vorheizen.
- Die Schokolade in Stücke brechen und mit der Butter über Wasserdampf gemeinsam schmelzen.
- Eier mit Kristallzucker gut verrühren und mit der Schokolademasse vermengen. Mehl unterheben.
- Portionsförmchen mit Butter ausstreichen, die Masse einfüllen und im heißen Backrohr etwa 12 Minuten backen.

VORBEREITUNGSZEIT: 8–10 Minuten
BACKZEIT: 15 Minuten
BACKROHRTEMPERATUR: 180 °C
GARNITUREMPFEHLUNG: warme Schokoladesauce und Früchte der Saison *Foto rechts*

Apfel im Schlafrock

ZUTATEN

4 Äpfel
100 g Kristallzucker
1 TL Zimt
Rum
Zitronensaft
120 g Patisserie-Creme (s. S. 395) oder kalte Vanillecreme (s. S. 396)
300 g Blätterteig (s. S. 400) oder fertig gekaufter Teig
Marillenmarmelade oder Fondant zum Bestreichen
geröstete gehobelte Mandeln zum Bestreuen
Eiklar zum Bestreichen

ZUBEREITUNG

- Die Äpfel schälen, mit einem Apfelausstecher das Gehäuse entfernen und Äpfel in daumendicke Scheiben schneiden.
- Mit Rum und Zitronensaft einreiben. Kristallzucker mit Zimt vermischen und die Äpfel damit bestreuen. Kurz ziehen lassen.
- Inzwischen den vorbereiteten Teig etwa 2 mm dick ausrollen und in so große Quadrate teilen, dass die Äpfel darin bequem eingeschlagen werden können.
- Apfelscheiben auf je ein Teigstück legen.
- Backrohr auf 200 °C vorheizen.
- Patisserie-Creme nochmals durchrühren und jeweils etwas in der Mitte jeder Apfelscheibe auftragen.
- Teigränder mit verquirltem Eiklar bestreichen, Teig mit den Spitzen zueinander einschlagen, nochmals bestreichen und kurz rasten lassen.
- Im heißen Backrohr 20 Minuten backen lassen.
- Herausnehmen und mit leicht erwärmter Marillenmarmelade oder Fondant bestreichen. Mit den gerösteten gehobelten Mandeln bestreuen.

VORBEREITUNGSZEIT: 15 Minuten bei fertigem Teig
BACKZEIT: 20 Minuten
BACKROHRTEMPERATUR: 200 °C

Rhabarberstrudel mit weißer Schokoladesauce

ZUTATEN

- 20 Stangen Rhabarber
- 250 g Kristallzucker
- flüssige Butter zum Bestreichen
- ca. 300 g Butterbrösel (s. S. 396)
- Zimtzucker
- Staubzucker zum Bestreuen
- weiße Schokoladesauce (s. S. 395)

Für den Strudelteig

- 500 g glattes Mehl
- 2 Eier
- 200 ml Wasser
- 50 g Öl

ZUBEREITUNG

- Zuerst für den Teig alle Zutaten zu einem geschmeidigen Teig verarbeiten. (Wenn Sie kleinere Strudel wünschen, noch beliebig teilen.) Kurz „abschleifen“, d. h. mit den Handballen kräftig durcharbeiten. Zu einer Kugel formen, auf einen leicht geölten Teller legen, mit Alufolie abdecken oder mit Öl zart bestreichen und warm ca. 20 Minuten rasten lassen.
- Das Backrohr auf 80–90 °C Heißluft vorheizen. Rhabarber schälen, in eine Bratenform legen und mit Kristallzucker bestreuen. Im heißen Rohr abgedeckt 15 Minuten garen, damit das Wasser entzogen wird. (Dadurch wird der Strudel später nicht matschig.) Stangen abtupfen und abtrocknen.
- Das Backrohr auf 170 °C Heißluft vorheizen.
- Nun den Strudelteig ausziehen. Dafür den Teig auf einer bemehlten Unterlage (Küchentuch) zunächst ausrollen. Mit den Handrücken vorsichtig möglichst dünn ausziehen.
- Ein Drittel des Teiges mit flüssiger Butter bestreichen. Butterbrösel darüberstreuen, die Rhabarberstangen auflegen und abermals mit Butterbröseln sowie Zimtzucker bestreuen. Den unteren Rand wegschneiden, zu einem Strudel einrollen und die seitlichen Randstücke ebenfalls wegschneiden.
- Behutsam auf ein mit Backpapier belegtes Blech setzen, mit flüssiger Butter bestreichen und im heißen Rohr bei 170 °C Heißluft 18–20 Minuten goldgelb backen.
- Herausnehmen, aufschneiden, mit weißer Schokoladesauce anrichten und mit Staubzucker bestreuen.

VORBEREITUNGSZEIT: 1 ½ Stunden
BACKZEIT: 20 Minuten
BACKROHRTEMPERATUR: 80–90 °C Heißluft, dann 170 °C Heißluft

DER SPEZIELLE TIPP: Wenn Sie zwei oder mehrere kleinere Strudel nebeneinander backen wollen, so ist die Gefahr sehr groß, dass sie auslaufen und alles ineinanderfließt. Setzen Sie eine mit Alufolie umhüllte und gut mit Butter bestrichene Holzleiste quasi als Trennmauer dazwischen – und alles wird gut!

Alt-Wiener Apfelstrudel

ZUTATEN

Strudelteig (s. S. 400) oder fertiger Teig
2 kg Äpfel
300 g Butterbrösel (s. S. 396)
70–80 g eingeweichte Rosinen
250 g Sauerrahm
100 g geröstete Walnüsse
Zimt
Zucker nach Bedarf
Zitronensaft
Rum
100–150 g flüssige Butter zum Einstreichen
Staubzucker zum Bestreuen

ZUBEREITUNG

- Die Äpfel halbieren, Kerngehäuse entfernen und die Äpfel blättrig schneiden. In eine Schüssel geben und kräftig mit Zimt, Zucker, Zitronensaft und Rum aromatisieren. Gut durchmischen und kurz ziehen lassen.
- Inzwischen den ausgezogenen Teig auf einer Arbeitsfläche aufbreiten, dabei nach Belieben ganz lassen oder in kleinere Strudel unterteilen. Großzügig mit Butter bestreichen.
- Das Backrohr auf 180 °C vorheizen.
- Äpfel mit den Butterbröseln sowie den eingeweichten Rosinen vermengen und auf etwa zwei Drittel des Teiges verteilen. Nun den glatt verrührten Sauerrahm daraufgeben und mit den gerösteten, klein gehackten Walnüssen bestreuen.
- Die Ränder einschlagen, Strudel straff einrollen und in eine gut ausgebutterte Form setzen. Nochmals mit flüssiger Butter bestreichen.
- Ins heiße Rohr schieben und je nach Größe des Strudels 12–15 Minuten oder bis zu 20 Minuten goldbraun backen.
- Herausheben, mit Staubzucker bestreuen und nach Belieben lauwarm oder kalt servieren.

VORBEREITUNGSZEIT: 20 Minuten bei fertigem Teig
BACKZEIT: 12–20 Minuten
BACKROHRTEMPERATUR: 180 °C

DER SPEZIELLE TIPP: Die Zugabe von Sauerrahm und Nüssen ist eine Alt-Wiener Spezialität, der Apfelstrudel schmeckt aber auch ohne diese Verfeinerung ganz ausgezeichnet.

Weinchaudeau

ZUTATEN FÜR CA. 6 PORTIONEN

6 Eier
500 ml nicht zu trockener, gehaltvoller Weißwein (Traminer, Gewürztraminer, Muskateller)
200 g Kristallzucker
Orangenzesten (-schalen)
Schuss Orangenlikör

ZUBEREITUNG

- In einer Schüssel die Eier mit Weißwein, Kristallzucker, einem Schuss Orangenlikör und den abgeriebenen Orangenschalen über Wasserdampf nicht zu heiß 8–10 Minuten aufschlagen.

KOCHZEIT: 8–10 Minuten
VERWENDUNG: Weinchaudeau bräuchte gar keine weitere Begleitung, schmeckt aber etwa mit Kuchen, Biskuitroulade oder Gebäck besonders gut.

Foto rechts

Germgugelhupf

ZUTATEN

- **250 g Mehl**
- **60 g Zucker**
- **20 g Germ**
- **2 Eidotter**
- **125 ml Milch**
- **80 g Butter**
- **Salz**
- **Vanillemark oder -zucker**
- **etwas abgeriebene Zitronenschale**
- **50 g Rosinen**
- **Butter und Mehl für die Form**
- **30 g Mandelsplitter für die Form**
- **Staubzucker zum Bestreuen**

ZUBEREITUNG

- In einer Schüssel aus lauwarmer Milch und etwas Mehl, Zucker, Salz sowie Germ ein Dampfl herstellen und abgedeckt an einem warmen Ort gehen lassen.
- Das Backrohr auf 180 °C vorheizen.
- Mit dem restlichen Mehl, Dottern, Butter sowie Vanille und abgeriebener Zitronenschale zu einem eher weichen Germteig verarbeiten. Die Rosinen erst ganz zum Schluss einarbeiten.
- Eine passende Gugelhupfform mit Butter ausstreichen, mit Mehl bestauben und den Boden mit Mandelsplittern ausstreuen.
- Nun den Teig einfüllen, nochmals an einem warmen Ort abgedeckt aufgehen lassen und dann im heißen Backrohr ca. 1 Stunde backen.
- Herausnehmen und überkühlen lassen. Stürzen und mit Staubzucker bestreuen.

VORBEREITUNGSZEIT: ca. 1 Stunde
BACKZEIT: 1 Stunde
BACKROHRTEMPERATUR: 180 °C

Wenn nicht anders angegeben, so ist das Backblech immer auf mittlerer Einschubhöhe in das heiße Backrohr zu schieben.

Marmorgugelhupf

ZUTATEN

- **140 g Butter**
- **230 g Kristallzucker**
- **3 Eidotter**
- **3 Eiklar**
- **2 EL Zucker für den Schnee**
- **125 ml kalte Milch**
- **280 g glattes Mehl**
- **1 Pkt. Backpulver**
- **40 g Kakaopulver**
- **Schale von 1 ungespritzten Zitrone**
- **Butter für die Form**
- **Staubzucker zum Bestreuen**

ZUBEREITUNG

- In einer Schüssel die Butter schaumig schlagen.
- Dann langsam den Kristallzucker sowie die Eidotter nach und nach einrühren.
- Die kalte Milch abwechselnd mit der Hälfte des Mehls ebenfalls einrühren. Mit fein abgeriebener Zitronenschale aromatisieren.
- Das Backrohr auf 170–180 °C vorheizen.
- Das Eiklar mit etwas Kristallzucker zu steifem Schnee schlagen.
- Restliches Mehl mit dem Backpulver vermengen und abwechselnd mit dem Schnee unter die Dottermasse heben.
- Nun die Masse in zwei Hälften teilen. Das Kakaopulver mit etwa 2–3 EL Wasser glatt rühren und unter eine Hälfte des Teiges rühren.
- Eine Gugelhupfform gut mit Butter ausstreichen und die beiden Massen abwechselnd einfüllen.
- Im heißen Backrohr etwa 1 Stunde backen.
- Herausheben, kurz überkühlen lassen, stürzen und mit Staubzucker bestreuen.

VORBEREITUNGSZEIT: 10 Minuten
BACKZEIT: 1 Stunde
BACKROHRTEMPERATUR: 170–180 °C

G'hupft wie gesprungen

Angefangen hat alles noch einmütig mit dem lateinischen Wörtchen *cuculus* oder *cuculla* für Kopftuch oder Kapuze, woraus sich dann im Mittelhochdeutschen in Anlehnung an die Form einer Mönchskapuze rasch aus *gugele* und *hopf* (für Hefe, Germ) unser Gugelhupf herauskristallisiert hat. Meinen wir zumindest. In Frankreich, genauer gesagt im Elsass, sieht man dies freilich anders. Dort besagt eine nette Legende, dass die auf Elsässisch *Kouglhof* genannte Süßspeise einst den Heiligen Drei Königen als Wegzehrung auf ihren Heimweg mitgegeben wurde. (Ein heute noch jährlich stattfindendes Gugelhupffest hält diese „Ursprungskontrolle" im Elsass auch weiterhin am Köcheln.) Ob nun Frankreich oder Österreich letztlich als Geburtsstätte dieses Nationalheiligtums der Wiener Mehlspeisküche den Zuschlag bekommt, wird sich weder feststellen lassen, noch ist es von Bedeutung. Bedeutend ist vielmehr, dass der Napfkuchen, so die deutsche Bezeichnung, die auch im alten Wien durchaus gebräuchlich war, in der typischen Gugelhupfform gebacken wird und dass er gut schmeckt! Dabei kann eine dicke Schicht Staubzucker mitunter recht gute Dienste tun.

Dobosschnitte (Dobostorte)

ZUTATEN

- 5 Eier
- 150 g Butter
- 30 g Staubzucker
- 100 g Kristallzucker
- 100 g glattes Mehl
- Salz
- Mark von 1 ausgekratzten Vanilleschote
- Butter und Mehl für das Backblech
- 100 g Kristallzucker für den Überzug
- Öl für die Arbeitsfläche

Für die Vanillecreme

- 400 ml Milch
- 200 g Zucker
- 50 g Vanillepuddingpulver
- 2 Eidotter

Für die Buttercreme

- 100 g Kokosfett
- 500 g Butter
- 100 g Fondantmasse oder Staubzucker
- 200 g Nougat oder Schokolade

ZUBEREITUNG

- Zuerst für die Vanillecreme das Vanillepuddingpulver mit wenig Milch glatt rühren. Die restliche Milch in einem Topf mit Zucker aufkochen, das angerührte Vanillepuddingpulver zugeben und unter ständigem Rühren kurz einkochen lassen. Vom Feuer nehmen und die Eidotter einrühren. Die Vanillecreme auskühlen lassen.
- Nun für den Teig die Eier trennen.
- In einer Schüssel die zimmerwarme Butter mit Staubzucker, einer kleinen Prise Salz sowie Vanillemark schaumig rühren. Langsam nach und nach die Eidotter einrühren.
- Eiklar mit Kristallzucker steif schlagen und behutsam unterziehen. Mehl einmengen.
- Das Backrohr auf 180 °C vorheizen.
- Ein Backblech mit Butter bestreichen und mit Mehl bestauben. Die Masse dünn auftragen und 8–10 Minuten backen. (Für eine Torte 6–7 dünne Böden backen.)
- Herausheben und noch heiß in 7 Streifen mit jeweils 7 cm Breite schneiden. Vom Blech lösen, auf eine Arbeitsfläche geben und auskühlen lassen.
- Inzwischen für die Buttercreme das Kokosfett lauwarm auflösen. Butter und Fondant oder Zucker zugeben und alles schaumig schlagen. Die kalte Vanillecreme passieren und in die Buttercreme einrühren.
- Nougat oder Schokolade schmelzen und in die Buttercreme einrühren.
- Nun den ersten Teigstreifen mit Buttercreme bestreichen, den zweiten Teigstreifen aufsetzen und so fortfahren, bis 6 (!!) Teigstreifen verbraucht sind. Kühl stellen.
- Währenddessen das letzte Blatt auf eine geölte Arbeitsfläche setzen. Den Zucker in einer kleinen Pfanne langsam hellbraun karamellisieren. Mit einem geölten Messer (ohne Wellenschliff) das heiße Karamell rasch auftragen und glatt streichen. Am besten sofort in Portionsgröße schneiden und auf die gefüllten Teigstreifen aufsetzen. Diese dann ebenfalls in Portionsstücke schneiden. (Ist die oberste Schicht einmal fest geworden, lässt sie sich nur mehr schwer schneiden.)

VORBEREITUNGSZEIT: 30 Minuten
BACKZEIT: 8–10 Minuten
BACKROHRTEMPERATUR: 180 °C
FERTIGSTELLUNG: 30 Minuten

Kardinalschnitte *Dieses Rezept stammt von Doris Glatzer*

ZUTATEN

Für die 1. Masse

8 Eidotter
2 Eier
80 g Kristallzucker
etwas Vanillezucker
50 g griffiges Mehl
1 Msp. Backpulver

Für die 2. Masse

8 Eiklar
200 g Kristallzucker

Für die Ausfertigung

1 Glas Ribiselmarmelade
½ l Schlagobers
Vanille- und Staubzucker

ZUBEREITUNG

- Eidotter, ganze Eier, Kristall- und Vanillezucker schaumig schlagen. Mehl und Backpulver vorsichtig unterheben.
- Eiklar mit Kristallzucker zu festem Schnee schlagen.
- Backblech mit Backpapier auslegen, Rohr auf 160 °C Heißluft vorheizen.
- Eischnee am besten mit einem Spritzsack im Abstand von ca. 2 cm in 6 Bahnen in Form von Streifen auftragen. In den ersten und zweiten sowie vierten und fünften Zwischenraum jeweils Biskuitmasse auftragen. (Dadurch entstehen 2 Einheiten.)
- Im heißen Backrohr 20 Minuten backen, Hitze abdrehen und noch 10 Minuten im Rohr nachziehen lassen. Aus dem Rohr nehmen und auskühlen lassen.
- Eine Schicht mit Ribiselmarmelade bestreichen.
- Schlagobers mit etwas Vanillezucker fest schlagen und auf die Marmelade streichen.
- Zweite Teigplatte vorsichtig aufsetzen und dick mit Staubzucker bestreuen.

VORBEREITUNGSZEIT: 30 Minuten
BACKZEIT: 30 Minuten
BACKROHRTEMPERATUR: 160 °C Heißluft, untere Schiene

Wenn nicht anders angegeben, so ist das Backblech immer auf mittlerer Einschubhöhe in das heiße Backrohr zu schieben.

Topfen-Gitterkuchen *Dieses Rezept stammt von Annemarie Lager*

ZUTATEN

5 Eier
350 g Kristallzucker
125 ml Öl
125 ml Wasser
350 g glattes Mehl
½ Pkt. Backpulver
Fett für die Form

Für die Topfenmasse

500 g Topfen
100 g Staubzucker
2 Eier
1 Pkt. Vanillezucker
Schuss Rum

ZUBEREITUNG

- Backrohr auf 180 °C Heißluft vorheizen.
- Die Eier mit Zucker schaumig schlagen.
- Mehl mit Backpulver vermengen und gemeinsam mit Öl und Wasser unterrühren. Auf ein gut gefettetes Backblech oder in eine Backform auftragen.
- Für die Topfenmasse den Topfen mit Staubzucker, Eiern, Vanillezucker und einem Schuss Rum vermengen. In einen Dressiersack füllen und die Masse diagonal in Form eines Gitters auf den Teig aufspritzen.
- Im vorgeheizten Backrohr etwa 30 Minuten backen.

VORBEREITUNGSZEIT: 15–20 Minuten
BACKZEIT: 30 Minuten
BACKROHRTEMPERATUR: 180 °C Heißluft

Rotweinkuchen *Dieses Rezept stammt von Annemarie Lager*

ZUTATEN

5 Eier
350 g Kristallzucker
125 ml Öl
125 ml Rotwein
250 g glattes Mehl
80 g geriebene Nüsse
20 g Kakaopulver
½ Pkt. Backpulver
Fett für die Form

Für die Glasur

300 g Staubzucker
1/16 l (60–70 ml) Rotwein

ZUBEREITUNG

- Backrohr auf 180 °C Heißluft vorheizen.
- Eier mit Zucker schaumig schlagen.
- Öl sowie Rotwein zugießen und Mehl, Backpulver, Kakaopulver und Nüsse einmengen.
- In eine gefettete Backform füllen oder auf ein Backblech streichen und im vorgeheizten Backrohr ca. 30 Minuten backen.
- Kuchen herausheben und kurz überkühlen lassen.
- Inzwischen für die Glasur Staubzucker mit Rotwein zu einer glatten Glasur verrühren und den noch lauwarmen Kuchen damit überziehen.
- Kühl stellen.

VORBEREITUNGSZEIT: 10 Minuten
BACKZEIT: 30 Minuten
BACKROHRTEMPERATUR: 180 °C Heißluft

Joghurtkuchen *Dieses Rezept stammt von Elfriede Bittermann*

ZUTATEN

4 Eier
2 Becher Kristallzucker
½ Becher Öl
1 Becher Joghurt
2 Becher griffiges Mehl
1 Pkt. Backpulver
Kakaopulver nach Belieben
Butter und Brösel für die Form
Staubzucker zum Bestreuen

ZUBEREITUNG

- Das Backrohr auf 150 °C vorheizen.
- In einer Schüssel die Eier mit Kristallzucker und Öl gut verrühren.
- Mehl mit Backpulver vermengen und gemeinsam mit dem Joghurt unterrühren.
- Eine passende Kuchen- oder Gugelhupfform mit Butter ausstreichen und mit Bröseln ausstreuen. Den Großteil des Teiges einfüllen, den Rest mit etwas Kakaopulver verrühren und ebenfalls einfüllen.
- Etwa 1 Stunde im heißen Backrohr backen.
- Auskühlen lassen, stürzen und vor dem Servieren nach Belieben mit Staubzucker bestreuen.

VORBEREITUNGSZEIT: 10 Minuten
BACKZEIT: ca. 1 Stunde
BACKROHRTEMPERATUR: 150 °C

Eierlikörkuchen *Dieses Rezept stammt von Elfriede Bittermann*

ZUTATEN

4 Eier
250 g Zucker
250 g weiche Butter
125 ml Eierlikör
250 g griffiges Mehl
1 Pkt. Backpulver
100 g Schokostreusel
Butter und Brösel für die Form
Staubzucker zum Bestreuen

ZUBEREITUNG

- Backrohr auf 150 °C vorheizen.
- Eier trennen und die Dotter mit Zucker und Butter schaumig rühren.
- Mehl mit Backpulver vermengen und mit dem Eierlikör unterrühren.
- Eiklar zu Schnee schlagen und mit den Schokostreuseln vorsichtig unterziehen.
- Eine passende Kuchen- oder Gugelhupfform mit Butter ausstreichen und mit Bröseln ausstreuen. Teig einfüllen.
- Etwa 1 Stunde im heißen Backrohr backen.
- Auskühlen lassen, stürzen und vor dem Servieren nach Belieben mit Staubzucker bestreuen.

VORBEREITUNGSZEIT: 10 Minuten
BACKZEIT: ca. 1 Stunde
BACKROHRTEMPERATUR: 150 °C

Sachertorte

ZUTATEN

- **6 Eier**
- **130 g zimmerwarme Butter**
- **110 g Staubzucker**
- **130 g Bitterschokolade**
- **1 Pkt. Vanillezucker**
- **110 g Kristallzucker**
- **130 g Mehl**
- **Butter und Mehl für die Form**
- **8 EL Marillenmarmelade**
- **Sacher-Schokoladeglasur (s. S. 397)**

ZUBEREITUNG

- Eier trennen.
- In einer Schüssel Butter mit Staubzucker schaumig rühren. Nach und nach Dotter und Vanillezucker einrühren.
- Inzwischen die in Stücke gebrochene Schokolade (am besten im Wasserbad) schmelzen. In den Abtrieb einrühren.
- Das Backrohr auf 180 °C vorheizen.
- Eiklar aufschlagen, mit Kristallzucker steif schlagen und vorsichtig unter die Masse heben. Zuletzt das Mehl behutsam einrühren.
- Eine Springform mit Butter ausstreichen und mit Mehl ausstreuen. Teig einfüllen und im vorgeheizten Rohr ca. 1 Stunde backen.
- Torte erkalten lassen.
- Inzwischen die Glasur vorbereiten.
- Dann einmal quer durchschneiden. Die beiden Tortenböden mit passierter, leicht erwärmter Marmelade hauchdünn bestreichen und wieder zusammensetzen.
- Anschließend auch auf den Außenseiten mit Marmelade bestreichen und mit der vorbereiteten Schokoladeglasur überziehen. Stocken lassen.

VORBEREITUNGSZEIT: 20 Minuten
BACKZEIT: 1 Stunde
ENDFERTIGUNG: 30 Minuten
BACKROHRTEMPERATUR: 180 °C
GARNITUREMPFEHLUNG: geschlagenes Obers

DER SPEZIELLE TIPP: Wenn Sie dem Original ziemlich nahe kommen wollen, so verwenden Sie zum Backen der Masse eine im Fachhandel erhältliche typische Tortenform, womit Sie eine besonders glatte Oberfläche mit leicht abgerundeten Kanten erzielen. Leider ist auch die einzigartige Schokoladeglasur ein Merkmal der original Sachertorte, leider, weil sie doch mit einigem Aufwand verbunden ist. Allerdings lohnt das Ergebnis die Mühe, Sie können aber freilich auch fertig gekaufte Glasur verwenden.

Wenn nicht anders angegeben, so ist das Backblech immer auf mittlerer Einschubhöhe in das heiße Backrohr zu schieben.

Mohntorte

ZUTATEN

170 g gemahlener Mohn
150 g zimmerwarme Butter
70 g Staubzucker
4 Eier
80 g Kristallzucker
50 g Mehl
50 g Stärkemehl
1/16 l (60–70 ml) Milch
Schuss Rum
Vanillemark oder -zucker
abgeriebene Schale von 1 ungespritzten Zitrone
Salz
Butter für die Form
Staubzucker zum Bestreuen

ZUBEREITUNG

- In einer Schüssel die Butter mit Staubzucker, einem Schuss Rum, Vanille, Zitronenschale und einer kleinen Prise Salz schaumig rühren.
- Das Backrohr auf 180 °C vorheizen.
- Eier trennen und die Eidotter nach und nach in die Buttermasse einrühren.
- Nun den Mohn einmengen.
- Eiklar locker aufschlagen und mit Kristallzucker zu festem Schnee schlagen. Unterheben.
- Mehl und Stärkemehl versieben, einrühren und abschließend die Milch einrühren.
- Eine Tortenform gut mit Butter ausstreichen und die Masse einfüllen.
- Im heißen Backrohr ca. 45 Minuten backen.
- Herausnehmen, erkalten lassen und vor dem Aufschneiden kräftig mit Staubzucker bestreuen.
- Nach Belieben mit gesüßtem, geschlagenem Obers garnieren.

VORBEREITUNGSZEIT: 20 Minuten
BACKZEIT: ca. 45 Minuten
BACKROHRTEMPERATUR: 180 °C
GARNITUREMPFEHLUNG: gesüßtes, geschlagenes Obers

Malakofftorte

ZUTATEN

- **Biskotten nach Bedarf**
- **150 ml Wasser**
- **75 g Kristallzucker**
- **Rum nach Belieben**
- **250 ml gesüßtes Schlagobers zum Garnieren**
- **gehobelte, geröstete Mandeln zum Garnieren**

Für den Biskuitboden

- **3 Eier**
- **60 g Kristallzucker**
- **70 g griffiges Mehl**
- **½ TL Backpulver**
- **Butter für die Form**

Für die Creme

- **250 ml Milch**
- **2 Eidotter**
- **50 g Zucker**
- **Prise Salz**
- **Mark von 1 ausgekratzten Vanilleschote**
- **2 Gelatineblätter**
- **1 EL Rum**
- **250 ml Obers**

ZUBEREITUNG

- Zunächst für den Biskuitboden das Backrohr auf 160 °C vorheizen.
- Eier trennen und Eiklar mit der Hälfte des Kristallzuckers steif schlagen.
- Dotter mit dem restlichen Zucker aufschlagen und unter den Schnee heben.
- Mehl mit Backpulver vermengen und vorsichtig unter die Masse heben. Eine Springform gut mit Butter ausstreichen und die Masse einfüllen. Im vorgeheizten Backrohr ca. 8–10 Minuten hellbraun backen. Auskühlen lassen.
- Währenddessen für die Creme Gelatine in kaltem Wasser einweichen.
- Die Milch in eine Schüssel über heißen Dampf geben. Mit Eidottern, Zucker, einer Prise Salz sowie Vanillemark schaumig und dick schlagen. Vom Dampf wegnehmen und kalt schlagen, bis die Masse ausgekühlt ist. Sobald die Masse zu stocken beginnen würde, die ausgedrückte Gelatine in ganz wenig erwärmtem Rum auflösen und zugeben.
- Schlagobers steif schlagen und ebenfalls unterheben.
- Für die Rum-Zucker-Lösung das Wasser in einem kleinen Topf mit Kristallzucker aufkochen und wieder abkühlen lassen. Mit einem kräftigen Schuss Rum abschmecken.
- Nun den Biskuitboden mit etwas Creme bestreichen. Die Biskotten in der Zucker-Rum-Flüssigkeit kurz wenden und eine neben der anderen eng nebeneinander auflegen. Abermals mit Creme bestreichen und so lange fortfahren, bis alles verbraucht ist. Mit Creme abschließen.
- Mit Frischhaltefolie abgedeckt, am besten über Nacht, gut durchkühlen lassen.
- Dann den Ring abnehmen und rundum mit geschlagenem, leicht gesüßtem Obers einstreichen. Mit gehobelten gerösteten Mandeln bestreuen.

VORBEREITUNGSZEIT: ca. 30 Minuten inkl. Biskuitboden
BACKROHRTEMPERATUR: 160 °C
ZUBEREITUNGSZEIT: 40 Minuten, dann kalt stellen

Linzer Torte

ZUTATEN

- **300 g Mehl**
- **300 g geriebene Haselnüsse**
- **300 g Butter**
- **220 g Staubzucker**
- **1 Ei**
- **1 Eidotter**
- **½ KL Nelkenpulver**
- **1 KL Zimt**
- **Zitronenschale**
- **Oblaten in Größe der Form**
- **150 g Ribiselmarmelade**
- **Ei zum Bestreichen**
- **gehobelte Mandeln zum Bestreuen**
- **Staubzucker zum Bestreuen**

ZUBEREITUNG

- Die Butter mit Mehl, Nüssen, Staubzucker, Ei, Eidotter sowie Zimt, abgeriebener Zitronenschale und Nelken zu einem Teig verkneten.
- Das Backrohr auf 160 °C vorheizen.
- Den Großteil des Teiges (etwa zwei Drittel) etwas ausrollen und in eine Springform hineingeben, dabei den Teig gleichmäßig bis zum Rand hindrücken.
- Mit Oblaten belegen und mit Ribiselmarmelade bestreichen.
- Den restlichen Teig in etwa fingerdicke Röllchen formen und auf die Torte in Form eines dekorativen Gitters auflegen. Den Rand ebenfalls mit Teigröllchen umlegen.
- Mit versprudeltem Ei gut bestreichen und mit gehobelten Mandeln bestreuen.
- Im heißen Rohr ca. 45 Minuten goldbraun backen.
- Dann herausnehmen und abkühlen lassen.
- Vor dem Servieren einen kleineren Teller, eine runde Scheibe oder ein rund zugeschnittenes Blatt Papier als Schablone auflegen und rundum mit Staubzucker kräftig bestreuen.

VORBEREITUNGSZEIT: 25 Minuten
BACKZEIT: 45 Minuten
BACKROHRTEMPERATUR: 160 °C

Wenn nicht anders angegeben, so ist das Backblech immer auf mittlerer Einschubhöhe in das heiße Backrohr zu schieben.

Weintraubenschnitten *Dieses Rezept stammt von Christine Netzl*

ZUTATEN

6 Eier
120 g glattes Mehl
180 g Zucker
1 kg kernlose Weintrauben
Butter und Brösel für die Form
Staubzucker zum Bestreuen
Marillenmarmelade zum Bestreichen

Für die Creme

250 g Butter
3–5 EL Kristallzucker
1 Pkt. Vanillezucker
500 g Topfen
500 ml Milch
2 Pkt. Vanillepuddingpulver

ZUBEREITUNG

- Backrohr auf 170 °C vorheizen.
- Eier trennen und Dotter mit Zucker schaumig schlagen.
- Eiklar zu Schnee schlagen und abwechselnd mit dem Mehl unterheben.
- In eine mit Butter ausgestrichene und mit Bröseln ausgestreute (oder mit Backpapier ausgelegte) Kuchenform füllen bzw. auf ein Kuchenblech streichen und ca. 30 Minuten goldgelb backen. Überkühlen lassen.
- Den lauwarmen Kuchen mit leicht erwärmter Marmelade bestreichen.
- Währenddessen für die Creme wenig Milch mit Puddingpulver verrühren und in der restlichen Milch aufkochen. Unter ständigem Rühren kurz köcheln lassen, vom Herd nehmen und überkühlen lassen. Dann Butter, Zucker, Vanillezucker sowie Topfen aufschlagen. Pudding einmengen.
- Trauben über den Kuchen verteilen. Creme auftragen und kalt stellen. Vor dem Portionieren mit Staubzucker bestreuen.

VORBEREITUNGSZEIT: 40 Minuten
BACKZEIT: ca. 30 Minuten
BACKROHRTEMPERATUR: 170 °C

„Steppdecke"

ZUTATEN

5 Eier
320 g Zucker
125 ml Öl
125 ml Wasser
320 g Mehl
1 Pkt. Backpulver
Butter für das Blech

Für die Spritzmasse

2 Eiklar
140 g Staubzucker
2 Eidotter
500 g Topfen
1 Pkt. Vanillezucker

ZUBEREITUNG

- Das Backrohr auf 170 °C vorheizen.
- Eier mit Zucker gut aufschlagen. Öl sowie Wasser zugießen und noch kräftig weiterschlagen.
- Mehl mit Backpulver vermengen und einrühren. Auf ein mit Butter bestrichenes Kuchenblech auftragen.
- Für die Spritzmasse Eiklar mit der Hälfte des Staubzuckers steif schlagen.
- Dotter, Topfen, restlichen Staubzucker sowie Vanillezucker untermengen und die Masse in einen Spritzbeutel füllen. Gitterförmig auf den Teig auftragen.
- Ins heiße Backrohr schieben und ca. 30 Minuten backen.

VORBEREITUNGSZEIT: 30 Minuten
BACKZEIT: ca. 30 Minuten
BACKROHRTEMPERATUR: 170 °C

Esterházyschnitten

ZUTATEN

¼ l Eiklar (ca. 7 Eiklar)
250 g Zucker
250 g ungeschälte, geriebene Mandeln
250 g Fondant (im Fachhandel erhältlich)
Marillenmarmelade
geröstete, gehobelte Mandeln
Butter und Mehl für das Blech

Für die Buttercreme

100 g Kokosfett
500 g zimmerwarme Butter
100 g Staubzucker
500 ml Milch
200 g Zucker
50 g Vanillepuddingpulver
2 Eidotter
Kirschwasser (oder anderer Obstbrand)

ZUBEREITUNG

- Eiklar zu lockerem Schnee aufschlagen, mit Zucker steif ausschlagen. Geriebene Mandeln einrühren.
- Das Backrohr auf 220 °C vorheizen.
- Das Backblech mit Butter bestreichen und mit Mehl bestreuen. Masse ca. 5 mm stark aufstreichen und im heißen Backrohr 12 Minuten backen. Nach dem Backen gleich vom Blech lösen und in 7 cm breite Streifen schneiden.
- Für die Buttercreme das Kokosfett schmelzen. Die zimmerwarme Butter und Staubzucker zugeben und alles schaumig rühren.
- Etwas Milch mit Vanillepuddingpulver glatt rühren. Restliche Milch mit Zucker langsam aufkochen, angerührtes Puddingpulver zugeben und alles dicklich einkochen lassen.
- Vom Feuer nehmen, die Eidotter einrühren und auskühlen lassen. Passieren und in die schaumige Fettmasse einrühren. Mit Kirschwasser abschmecken.
- Nun die Teigstreifen jeweils mit der Buttercreme bestreichen und zusammensetzen, den letzten Streifen auslassen. An der Seite glatt mit Buttercreme bestreichen. Kalt stellen.
- Dann die Oberfläche mit leicht erwärmter Marmelade einstreichen.
- Fondant im Wasserbad schmelzen und die Oberfläche damit überziehen. Dabei eine kleine Menge Fondant zur Seite geben und mit Kakao einfärben. In einen Spritzbeutel mit sehr dünnem Loch füllen und in dünnen Linien aufspritzen. Holzspießchen in kleinen, regelmäßigen Abständen einmal in die eine und einmal in die andere Richtung durch die noch weiche Glasur ziehen, wodurch das typische Esterházy-Muster entsteht.
- Etwas trocknen lassen und dann an der Seite mit gerösteten Mandelblättchen bestreuen.

VORBEREITUNGSZEIT: 10 Minuten
BACKZEIT: 12 Minuten
BACKROHRTEMPERATUR: 220 °C
FERTIGSTELLUNG: 3–4 Stunden mit Kühlstellen

Biskuitroulade

ZUTATEN

6 Eier
120 g Kristallzucker
140 g griffiges Mehl
1 TL Backpulver
Marmelade zum Füllen
Kristallzucker zum Stürzen
Marmelade zum Füllen
Staubzucker zum Bestreuen

ZUBEREITUNG

- Backrohr auf 160 °C vorheizen.
- Eier trennen und die Eiklar mit der Hälfte des Kristallzuckers steif schlagen.
- Dotter mit dem restlichen Zucker aufschlagen und unter den Schnee heben.
- Mehl mit Backpulver vermengen und vorsichtig unter die Masse heben. Auf ein mit Backpapier ausgelegtes Backblech streichen und im vorgeheizten Backrohr ca. 6–8 Minuten hellbraun backen.
- Inzwischen Kristallzucker auf ein großes Stück Backpapier streuen, dann die Teigplatte vorsichtig daraufstürzen. Backpapier abziehen und nach Belieben sofort mit leicht erwärmter Marmelade bestreichen und mit dem Backpapier einrollen oder zuerst ungefüllt einrollen und ausgekühlt nach Belieben füllen.
- Mit Staubzucker bestreuen.

VORBEREITUNGSZEIT: ca. 15 Minuten
BACKZEIT: ca. 6–8 Minuten
BACKROHRTEMPERATUR: 160 °C

DER SPEZIELLE TIPP: Lassen Sie beim Füllen der Roulade Ihrer Fantasie ruhig freien Lauf und füllen Sie die Roulade auch mit feinen Cremen oder mit Beeren verfeinertem Schlagobers und glasieren Sie die Roulade mit der Glasur Ihrer Wahl.

Buchteln mit Powidl

ZUTATEN

400 g glattes Mehl
200 g geschmolzene Butter
3 Eidotter
50 g Zucker
½ Pkt. Germ
250 ml Milch
Salz
abgeriebene Zitronenschale
Powidl zum Füllen (oder andere Marmelade)
reichlich flüssige Butter zum Einstreichen der Buchteln
Staubzucker zum Bestreuen

ZUBEREITUNG

- Germ in eine Schüssel bröseln und mit warmer Milch, etwas Zucker, einer Prise Salz und wenig Mehl zu einem Dampfl ansetzen. An einem warmen Ort gehen lassen.
- Dann mit restlichem Mehl, Dottern, restlichem Zucker, etwas abgeriebener Zitronenschale und flüssiger Butter zu einem Teig abschlagen. Wieder abgedeckt gehen lassen.
- Nun den Teig etwa 2 cm dick ausrollen, in gleichmäßige Quadrate schneiden und jeweils etwas Powidl auftragen. Teig darüber zusammenschlagen und zusammendrücken.
- Mit dem „Verschluss“ nach unten in eine mit Butter ausgestrichene Form setzen und die Buchteln dabei jeweils großzügig mit flüssiger Butter einstreichen.
- Noch einmal 30 Minuten gehen lassen.
- Das Backrohr auf 160 °C vorheizen.
- Dann im heißen Rohr 25 Minuten backen.
- Herausnehmen, kurz überkühlen lassen und mit Staubzucker bestreuen. Lauwarm oder kalt auftragen.

VORBEREITUNGSZEIT: 1 ½ Stunden
BACKZEIT: ca. 25 Minuten
BACKROHRTEMPERATUR: 160 °C

DER SPEZIELLE TIPP: Die Buchteln können auch statt mit Powidl mit saftiger Nuss- oder Mohnmasse gefüllt werden.

Faschingskrapfen

ZUTATEN FÜR
CA. 15 STÜCK

600 g glattes Mehl
250 ml Milch
1 Pkt. Germ
Prise Zucker für das Dampfl
6 Eidotter
60 g Kristallzucker
1 EL Rum
Schale von 1 ungespritzten Zitrone
6 g Salz
120 g Butter
Marillenmarmelade zum Füllen
Schmalz oder Öl zum Herausbacken
Staubzucker zum Bestreuen

ZUBEREITUNG

- Die Hälfte der Milch lauwarm erhitzen und in einer Schüssel mit zerbröselter Germ, einer Prise Zucker sowie etwas Mehl zu einem Dampfl ansetzen. Mit einem Tuch abdecken und an einem warmen Ort aufgehen lassen.
- Nun in einer anderen Schüssel die Eidotter mit Zucker, etwas Rum und abgeriebener Zitronenschale über Dampf warm aufschlagen.
- Restliche Milch, Butter, Salz und das restliche Mehl sowie die Eiermasse mit dem Dampfl zu einem seidigen Teig abschlagen. In eine Schüssel geben, mit einem Tuch abdecken und wiederum an einem warmen Ort etwa 15 Minuten gehen lassen.
- Dann auf einer bemehlten Arbeitsfläche 10 mm dick ausrollen und Scheiben mit ca. 6 cm Durchmesser ausstechen.
- Auf die Hälfte der Scheiben jeweils etwas Marillenmarmelade (ca. 10 g) auftragen, mit einer zweiten Scheibe abdecken und mit den Fingerspitzen leicht andrücken. Einen etwas kleineren Ausstecher (5 cm Durchmesser) daraufsetzen und sanft ausstechen. (So halten die Krapfen besser zusammen.)
- Die Krapfen mit der Oberseite nach unten auf ein bemehltes Tuch legen und an einem warmen Ort nochmals um ein Drittel aufgehen lassen.
- In einer tiefen, großen Pfanne reichlich Fett erhitzen, die Krapfen einlegen und auf jeder Seite etwa 3 Minuten goldbraun backen.
- Herausheben, auf Küchenkrepp abtropfen lassen und vor dem Servieren kräftig mit Staubzucker bestreuen.

VORBEREITUNGSZEIT: 1 Stunde
BACKZEIT: 6 Minuten (bei ca. 180 °C für das Fett)

Mohnschnecken

ZUTATEN

Blätterteig (s. S. 400) oder fertiger Teig
100 ml Milch
50 g gemahlener Mohn
1 EL brauner Zucker
Schuss Rum
Salz
Ei zum Bestreichen

ZUBEREITUNG

- Teig nach Anleitung vorbereiten.
- Für die Fülle Milch in einen Topf geben und mit Mohn, Zucker, einem Schuss Rum sowie einer Prise Salz aufkochen lassen. Dabei ständig rühren, bis eine dickflüssige Masse entstanden ist.
- Backrohr auf 180 °C Heißluft vorheizen.
- Nun den Teig rechteckig ausrollen, die Masse auftragen und einrollen. Mit dem Messer ca. 1,5 cm dicke Scheiben abschneiden. Etwas platt drücken und auf ein mit Backpapier belegtes Backblech legen.
- Mit Ei bestreichen und im heißen Backrohr 15–18 Minuten goldbraun backen.

VORBEREITUNGSZEIT: Fülle 5 Minuten, ca. 2–3 Stunden für den Teig
BACKZEIT: 15–18 Minuten
BACKROHRTEMPERATUR: 180 °C Heißluft
DER SPEZIELLE TIPP: Wenn Sie über einen Kombidämpfer verfügen, so backen Sie die Mohnschnecken bei 175 °C mit halb Hitze, halb Dampf etwa 25 Minuten. Der Teig geht besser auf, wird flaumiger und saftiger. Denselben Effekt erzielen Sie allerdings auch, wenn Sie eine Tasse mit kochendem Wasser ins Rohr stellen und das Gebäck ganz traditionell backen!

Nachbarschaftshilfe zum Hineinbeißen

Ob Golatschen oder Kolatschen, ob Datschkerl oder Tatschkerl – sie gehören alle dem altösterreichischen Mehlspeishimmel an, der ohne die zahllosen böhmischen Köchinnen, die in den hochherrschaftlichen Häusern tagein, tagaus schufteten, nicht so knapp über Wien hängen würde. Ein bürgerlicher Haushalt, der damals im 19. Jahrhundert etwas gelten wollte, musste so eine gute Seele in der Küche stehen haben. Hinter dem Datschkerl verbirgt sich – leicht zu erahnen – nichts anderes als eine kleine Teigtasche, bei der allerdings das tschechische Wort *taška* für Teig Taufpate stand. Ebenfalls im Tschechischen wurzelt die Kolatsche (tschech. *koláč*), womit ursprünglich schlicht ein kleiner Kuchen bezeichnet wurde, mittlerweile aber ein mit Topfen, Nuss oder Mohn gefülltes zusammengeklapptes Täschchen aus Plunder- oder Blätterteig gemeint ist.

Nusstascherl

ZUTATEN

Blätterteig (s. S. 400) oder fertiger Teig
150 g geriebene Nüsse
80 ml Milch
50 g Kristallzucker
1 TL Honig
Schuss Rum
Ei zum Bestreichen

ZUBEREITUNG

- Teig nach Anleitung vorbereiten.
- Für die Fülle Milch in einen Topf geben und aufkochen. Nüsse, Zucker, einen Schuss Rum sowie Honig zugeben.
- Backrohr auf 180 °C Heißluft vorheizen.
- Den Teig rechteckig ausrollen und in beliebig große, gleichmäßige Quadrate schneiden.
- Jeweils etwas Fülle auftragen und zu Tascherln oder Ecken formen. Auf ein mit Backpapier belegtes Backblech legen.
- Mit Ei bestreichen und im heißen Backrohr 15–18 Minuten goldbraun backen.

VORBEREITUNGSZEIT: Fülle 5 Minuten, ca. 2–3 Stunden für den Teig
BACKZEIT: 15–18 Minuten
BACKROHRTEMPERATUR: 180 °C Heißluft

Foto Seite 368

Topfengolatschen

ZUTATEN

Blätterteig (s. S. 400) oder fertiger Teig
150 g Topfen
2 EL Rosinen
Rum zum Einweichen
50 g Staubzucker
Zesten von 1 Zitrone
Ei zum Bestreichen

ZUBEREITUNG

- Teig nach Anleitung vorbereiten.
- Rosinen in etwas Rum einweichen, das Backrohr auf 180 °C Heißluft vorheizen.
- Den Topfen mit den eingeweichten Rosinen, Staubzucker sowie den abgeriebenen Schalen der Zitrone gut verrühren.
- Den vorbereiteten Teig rechteckig ausrollen und in beliebig große, gleichmäßige Quadrate schneiden.
- Jeweils etwas Fülle auftragen und den Teig von jeder Ecke zur Mitte hin einschlagen. Auf ein mit Backpapier belegtes Backblech legen.
- Mit Ei bestreichen und im heißen Backrohr 15–18 Minuten goldbraun backen.

VORBEREITUNGSZEIT: Fülle 5 Minuten, ca. 2–3 Stunden für den Teig
BACKZEIT: 15–18 Minuten
BACKROHRTEMPERATUR: 180 °C Heißluft

Foto Seite 368

Lebkuchen mit Schokolade

ZUTATEN

350 g Roggenmehl
250 g Staubzucker
2 Eier
100 g Honig
50 g zimmerwarme Butter
3 Msp. Natron
½ TL Lebkuchengewürz
abgeriebene Schale von ½ Zitrone

Für die Fülle

150 g Rosinen
150 g Dörrzwetschken (ohne Kern)
150 g Walnüsse
70 g Staubzucker
3 EL Rum

Für die Glasur

200 g Staubzucker
200 g Butter
200 g Kochschokolade
8 EL Milch

ZUBEREITUNG

- Für den Teig die Butter mit Zucker, Eiern und Honig gut verrühren. Natron, Lebkuchengewürz und abgeriebene Zitronenschale zugeben. Mehl einarbeiten und gut verkneten.
- Das Backrohr auf 180 °C vorheizen.
- Nun den Teig auf einer leicht bemehlten Arbeitsfläche ca. 4 mm dick ausrollen. Mit einem Ausstecher in beliebigen Formen ausstechen und auf ein mit Backpapier belegtes Backblech legen. Im vorgeheizten Rohr ca. 8 Minuten hellbraun backen.
- Lebkuchen aus dem Rohr nehmen und auskühlen lassen.
- Währenddessen für die Fülle Rosinen, Dörrzwetschken und Nüsse grob faschieren oder sehr fein schneiden. Zucker untermischen und so viel Rum einrühren, dass eine streichfähige Masse entsteht.
- Lebkuchen mit der Masse gleichmäßig dünn bestreichen.
- Für die Glasur in einem Topf Milch mit Zucker, Butter und gehackter Schokolade unter ständigem Rühren langsam aufkochen und glatt rühren.
- Lebkuchen auf ein Abtropfgitter oder auf ein Backpapier legen und mit Glasur überziehen. Trocknen lassen.

VORBEREITUNGSZEIT: 15–20 Minuten
BACKZEIT: ca. 8 Minuten
BACKROHRTEMPERATUR: 180 °C

Vanillekipferl *Alle Keksrezepte stammen von Anita Rupp*

ZUTATEN

210 g Butter
250 g Mehl
70 g Staubzucker
100 g geriebene Walnüsse

Zum Wälzen

200 g Staubzucker und
3 EL Vanillezucker

ZUBEREITUNG

- Das Mehl mit Staubzucker, Butter und Walnüssen zu einem glatten Teig verkneten.
- Zu einer Rolle formen, in Klarsichtfolie hüllen und 1 Stunde im Kühlschrank rasten lassen.
- Das Backrohr auf 180 °C vorheizen.
- Aus dem Teig kleine Kugeln formen, daraus kleine Röllchen mit schmal zulaufenden Enden rollen und zu Kipferln formen.
- Auf ein mit Backpapier ausgelegtes Backblech setzen und im vorgeheizten Backrohr 8–10 Minuten hellgelb backen.
- Währenddessen den Staubzucker mit Vanillezucker gut vermischen.
- Herausheben und noch warm vom Backblech nehmen. Ganz behutsam im vorbereiteten Zuckergemisch wälzen. (Oder vorsichtigerweise nur von oben kräftig bestreuen.)

VORBEREITUNGSZEIT: 1 ½ Stunden
BACKZEIT: 8–10 Minuten
BACKROHRTEMPERATUR: 180 °C

Zwickerbusserl

ZUTATEN

150 g glattes Mehl
150 g weiche Butter
2 Eidotter
½ Pkt. Vanillezucker
heiße Marillenmarmelade zum Füllen
Butter für das Blech

Zum Aufspritzen

2 Eiklar
300 g Zucker

ZUBEREITUNG:

- In einer Schüssel das Mehl mit der zimmerwarmen Butter, Eidottern und Vanillezucker zu einem Teig verkneten (mit dem Knethaken). Zu einer Kugel formen, in Klarsichtfolie hüllen und ½ Stunde kalt stellen.
- Dann das Backrohr auf 150 °C vorheizen.
- Nun den Teig ca. 3 mm dick ausrollen und kleine Scheiben ausstechen. Die Scheiben auf ein leicht befettetes oder mit Backpapier ausgelegtes Backblech legen.
- Eiklar aufschlagen, den Zucker nach und nach zugeben und zu steifem Schnee schlagen. Den Eischnee in einen Spritzbeutel mit mittlerer Tülle füllen und auf die Scheiben aufspritzen.
- Im vorgeheizten Backrohr ca. 30 Minuten backen.
- Herausheben, abkühlen lassen und dann mit heißer Marillenmarmelade mit der Eischnee-Seite nach außen zusammensetzen.

VORBEREITUNGSZEIT: 50 Minuten
BACKZEIT: 30 Minuten
BACKROHRTEMPERATUR: 150 °C

Grießflammeri mit Beerenspiegel

ZUTATEN

250 ml Milch
400 g Grieß
2 Blatt Gelatine
Zesten (Schalen) von 1 Zitrone und 1 Orange
4 cl Orangenlikör
250 ml Schlagobers
50 g Kristallzucker
dekorative Früchte als Garnitur

Für den Beerenspiegel

100 g Beeren nach Belieben
50 g Kristallzucker
50 ml Johannisbeersaft
1 EL Stärke

ZUBEREITUNG

- Gelatine in sehr kaltem Wasser (Eiswasser) einweichen.
- Milch mit Grieß aufkochen und unter wiederholtem Rühren 5 Minuten ziehen lassen.
- Die gut ausgedrückte Gelatine einrühren, Zesten und Likör beigeben. Abkühlen lassen.
- Währenddessen das Schlagobers mit Zucker steif aufschlagen.
- Obers unterheben, die Masse in kleine Förmchen füllen und mit Folie abgedeckt einige Stunden kalt stellen.
- Unterdessen für den Beerenspiegel die Stärke mit wenig Wasser glatt rühren.
- Beeren mit Zucker und Johannisbeersaft aufkochen. Stärke einrühren und alles fein aufmixen. Abseihen und abkühlen lassen.
- Gekühlten Flammeri stürzen, mit Beerenspiegel und Früchten nach Wahl garnieren.

ZUBEREITUNGSZEIT: 20 Minuten inkl. 5 Minuten Grießkochen, dann 4–5 Stunden kühlen

DER SPEZIELLE TIPP: Garnieren Sie den Grießflammeri je nach Saison und Angebot mit frischen Früchten, aber auch mit lauwarmem Zwetschkenröster oder anderem Kompott.

Schoko-Himbeer-Törtchen

ZUTATEN

- 200 g Schokolade
- 2 Eier
- 100 g Kristallzucker
- 1 Blatt Gelatine
- 300 ml Schlagobers
- 200 g Himbeermark
- frische Himbeeren und Staubzucker zum Garnieren

ZUBEREITUNG

- Zunächst Zucker mit 2 EL Wasser etwa 6–10 Minuten bis „zum Flug" kochen, d. h. bis die Masse Blasen wirft, der Zucker aber noch weiß ist und noch nicht karamellisiert. (Er darf nicht braun werden.) Vom Feuer nehmen.
- Schokolade am besten im Wasserbad schmelzen, Gelatine in kaltem Wasser einweichen und das Obers schlagen.
- Eier mit der Zuckerlösung verrühren. Ausgedrückte Gelatine einrühren, das geschlagene Obers unterziehen und das Himbeermark zugeben.
- Geschmolzene Schokolade einrühren und die Creme in dekorative Gläser füllen. Mit Klarsichtfolie abdecken und 4–5 Stunden kalt stellen.
- Auf Teller stürzen. Mit frischen Himbeeren belegen und mit Staubzucker bestreuen.

ZUBEREITUNGSZEIT: 30 Minuten, 4–5 Stunden kühlen

DER SPEZIELLE TIPP: Variieren Sie je nach Saison und Marktangebot auch mit anderen Früchten. Fruchtfleisch einfach aufmixen und nach Belieben zuckern.

Topfencremenockerl

ZUTATEN

ca. 250 g Topfen

2 EL Staubzucker

Saft und Zesten (Schalen) von ½ Zitrone

Schuss Rum

250 ml Schlagobers

Erdbeeren und Fruchtsauce als Garnitur

ZUBEREITUNG

- Den Topfen gut ausdrücken und passieren. Schlagobers mit der Hand nahezu fest schlagen, Staubzucker einrühren und fest ausschlagen.
- Zitronensaft und -zesten zugeben, Topfen in die Masse einrühren und mit einem Schuss Rum und nach Belieben auch noch mit Zucker abschmecken. (Sollte die Masse zu wässrig sein, noch etwas Topfen einarbeiten, damit eine gut formbare Masse entsteht.)
- Aus der Masse Nockerl formen und auf Teller setzen.
- Mit in Scheiben geschnittenen Erdbeeren und Fruchtsauce garnieren.

ZUBEREITUNGSZEIT 10–15 Minuten

DER SPEZIELLE TIPP: Für eine Topfenterrine rühren Sie unter die Topfencreme noch 2–3 Blätter eingeweichte und in etwas warmem Alkohol aufgelöste Gelatine, füllen die Masse in eine passende Terrinenform und stellen diese kalt. Vor dem Servieren in Scheiben schneiden und nach Belieben garnieren.

Kaffeeschnitte im Glas

ZUTATEN

4 Eidotter
60 g Staubzucker
1 Pkt. Vanillezucker
500 g Mascarpone
150 ml kalter Kaffee
2 Eiklar
50 g Kristallzucker
Biskotten nach Bedarf
Schlagobers zum Garnieren

Zum Tränken

300 ml kalter Kaffee
Schuss Rum

ZUBEREITUNG

- Die Eidotter mit Staub- und Vanillezucker schaumig schlagen. Mascarpone unterziehen und den kalten Kaffee zugießen.
- Eiklar mit Kristallzucker steif schlagen und ebenfalls unterziehen.
- In einer Schüssel den Kaffee mit einem kräftigen Schuss Rum aromatisieren.
- Nun die Biskotten jeweils kurz durch den Rum-Kaffee ziehen und abwechselnd mit der Kaffeecreme in dekorative Gläser oder kleine Dessertschüsseln einschichten.
- Mit geschlagenem Obers garnieren.

ZUBEREITUNGSZEIT: 10 Minuten

Gerührter Eiskaffee

ZUTATEN

1 l kalter Kaffee
50 ml Rum
1 Vanilleschote
100 g brauner Zucker
4 Kugeln Vanilleeis
Schlagobers und Kakao zum Garnieren

ZUBEREITUNG

- Das Mark aus der Vanilleschote auskratzen.
- Den kalten Kaffee in einem Mixbecher mit Rum, Vanillemark, braunem Zucker und Vanilleeis bei hoher Geschwindigkeit aufmixen.
- In sehr gut gekühlte Gläser füllen und mit geschlagenem Obers und Kakao garnieren.

ZUBEREITUNGSZEIT: 5 Minuten

Warum einfach, wenn's auch kompliziert geht?

Wiener Eiskaffee – eine klare Sache, meint man. Man nehme starken Kaffee, kühle ihn auf wenige Grad hinunter, werfe ein oder zwei Kugeln Vanilleeis hinein und garniere alles mit einem hübschen Obershäubchen. In den meisten Wiener Kaffeehäusern wird das heute noch so gehandhabt. Nicht so aber, wenn es nach den Grandseigneurs der Wiener Küche geht. Hans Ziegenbein und Julius Eckel, die in ihrem legendären Kochbuch „Was koche ich heute?" 1935 ratsuchenden Hausfrauen sinngemäß folgendes Rezept ans Herz legten: ¾ Liter Obers oder Milch sowie ¼ Liter starker Kaffee werden mit 150 g Zucker und etwas Vanillemark aufgekocht. Abermals 150 g Zucker werden nun mit nicht weniger als 8 Eidottern schaumig gerührt und unter die Obers-Kaffee-Masse gemischt. Nach leisem Aufkochen wird alles passiert und gefroren. Anschließend mit geschlagenem Obers vermischt und angerichtet, freilich im Glas mit noch einem Klacks Obers garniert. Katharina Prato, die Grande Dame der süddeutschen und somit auch der Wiener Küche, klingt dagegen mit ihrer Version schon weitaus pragmatischer: Kaffee stark kühlen, geschlagenes Obers zuckern, leicht anfrieren lassen und etwas davon unter den Kaffee mischen. Mit dem Rest Obers den angerichteten Eiskaffee garnieren. Alles klar mit dem echten Wiener Eiskaffee?

KOMPOTTE & MARMELADEN

Apfelkompott

ZUTATEN

- 1 kg Äpfel
- ¼–½ l Flüssigkeit, je nach Bedarf (fruchtiger Weißwein, Wasser oder Apfelsaft)
- ca. 100 g Kristallzucker
- 1 Pkt. Vanillezucker
- Schuss Zitronensaft
- Zimtpulver nach Geschmack

ZUBEREITUNG

- Äpfel schälen, in Spalten schneiden und in einen Topf geben.
- Flüssigkeit zugießen, mit einem Schuss Zitronensaft, Zucker, Vanillezucker und Zimt nach Geschmack würzen. Zugedeckt nicht zu weich dünsten. Die Äpfel sollten noch etwas Biss haben.
- Vom Feuer nehmen und abkühlen lassen.

VORBEREITUNGSZEIT: 10 Minuten
KOCHZEIT: einige Minuten, je nach Apfelsorte unterschiedlich
VERWENDUNG: Eine Vielzahl von altösterreichischen Mehlspeisen, etwa Kaiserschmarren, Dalken etc., erhält durch saftiges Apfelkompott eine wunderbare Ergänzung; garniert mit feinem Eis und/oder Schlagobers gibt es aber auch eine veritable Nachspeise ab.

DER SPEZIELLE TIPP: Für Apfelmus kochen Sie Apfelkompott einfach länger, bis die Äpfel wirklich weich sind, und schmecken dann die aufgemixten Äpfel ganz nach Lust und Laune noch mit Zucker, Zimt, Nelken, aber auch Apfelschnaps ab.

Marillenkompott

ZUTATEN

- ca. 1 kg Marillen
- 1 l Wasser
- 350 g Zucker
- 1 Zimtstange
- 3 Gewürznelken
- Saft von 2 Zitronen
- Safranfäden

ZUBEREITUNG

- Die Marillen halbieren und entkernen.
- In einem Topf das Wasser mit Zucker, Zimt, Nelken, Zitronensaft sowie Safranfäden aufkochen.
- Die Marillen zugeben, kurz mitkochen und dann vom Feuer nehmen. Zugedeckt noch etwa 20 Minuten ziehen lassen.
- In heiß ausgespülte Gläser füllen und gut verschließen.

VORBEREITUNGSZEIT: 10 Minuten
KOCHZEIT: aufkochen und dann 20 Minuten ziehen lassen

DER SPEZIELLE TIPP: Nach diesem Rezept können Sie auch Apfel-, Birnen- oder Zwetschkenkompott herstellen.

Hollerröster

ZUTATEN

1 kg Holler
1 kg Birnen
1 kg Zwetschken
1 l voller, kräftiger Rotwein
2 Zimtstangen
300 g Zucker
Saft von 2 Zitronen
Prise Kardamompulver
1 TL Lebkuchengewürz (oder Zimt und Nelken)

ZUBEREITUNG

- Die Hollerbeeren rebeln. Die Birnen halbieren, das Kerngehäuse entfernen und die Birnen würfelig schneiden. Die Zwetschken halbieren und die Kerne auslösen. Nach Belieben ebenfalls kleiner schneiden.
- In einem Topf den Rotwein mit Zucker, Zimtstangen, Zitronensaft und Gewürzen aufkochen.
- Nun den Holler zugeben und 10–15 Minuten köcheln lassen. Dann Zwetschken und Birnen einmengen und weitere 25 Minuten auf kleiner Flamme köcheln lassen, bis die Masse schön sämig ist. Gerät der Röster zu dick, noch etwas Wein oder Wasser nachgießen, ist er zu dünnflüssig, noch etwas einkochen lassen.
- Je nach Verwendung weiterverarbeiten oder in heiß ausgespülte Gläser füllen und gut verschließen.

VORBEREITUNGSZEIT: 30 Minuten
KOCHZEIT: ca. 40 Minuten
VERWENDUNG: passt wunderbar zu warmen Mehlspeisen, wie etwa Kaiserschmarren oder Topfenknödeln

Zwetschkenröster

ZUTATEN

1 kg Zwetschken
200 g brauner Zucker
300 ml Rotwein
Saft von 2 Zitronen
1/16 l (60–70 ml) Rum
Zimtpulver
1 Msp. Piment

ZUBEREITUNG

- Zwetschken entkernen und halbieren.
- Braunen Zucker in einer Pfanne erwärmen und leicht karamellisieren. Rotwein sowie Zitronensaft zugießen und unter kräftigem Rühren aufkochen lassen. Zimt und Piment zugeben.
- Zwetschken einmengen und 20–30 Minuten rösten. (Der Röster sollte nicht zu flüssig, sondern eher fest geraten.) Mit Rum abschmecken.

VORBEREITUNGSZEIT: 15 Minuten
GARZEIT: 30–40 Minuten

DER SPEZIELLE TIPP: Wer den Zwetschkenröster eher flüssiger bevorzugt, gießt einfach etwas Johannisbeersaft oder Wasser zu. Frischer Ingwer verleiht dem Röster eine aparte Geschmacksnote.

Powidl

ZUTATEN

5 kg Zwetschken
2 Rippen Kochschokolade
3 Msp. Zimtpulver
100 g Honig

ZUBEREITUNG

- Zwetschken waschen, Kerne auslösen und die Zwetschken vierteln.
- In einem großen Topf aufkochen. Dann Honig und Zimtpulver einrühren.
- Nun mit dem Mixstab pürieren und weitere 30 Minuten köcheln lassen.
- Inzwischen das Backrohr auf 80–100 °C vorheizen.
- Die Zwetschkenmasse in eine tiefe Backform gießen und 8–10 Stunden langsam einkochen lassen.
- Dann Powidl aus der Form in einen Topf umfüllen. Schokolade in Stücke brechen und unterrühren. Noch einmal kräftig aufkochen lassen. Heiß in ausgespülte Einmachgläser füllen.

VORBEREITUNGSZEIT: 20 Minuten
KOCHZEIT: 8–10 Stunden
BACKROHRTEMPERATUR: 80–100 °C

DER SPEZIELLE TIPP: Bei Powidl gibt es große Geschmacksunterschiede. Manche mögen ihn eher saftiger und marmeladenartig, andere wiederum wirklich dick eingekocht. Lassen Sie daher die Zwetschken ganz nach Ihrem Gusto mehr oder weniger lange im Backrohr!

SÜSSE SAUCEN, CREMEN & GLASUREN

Warme Vanillesauce

ZUTATEN

- **500 ml Milch**
- **200 g Kristallzucker**
- **2 Vanilleschoten**
- **Schuss Rum**
- **2 EL Vanillepuddingpulver oder Stärke**

ZUBEREITUNG

- Vanillepuddingpulver mit wenig Milch glatt rühren.
- Das Mark aus den Schoten auskratzen und in die restliche Milch geben.
- Milch mit Kristallzucker sowie einem Schuss Rum aufkochen. Puddingpulver einrühren und noch 2–3 Minuten köcheln lassen. Währenddessen wiederholt umrühren, damit sich die Milch nicht anlegt.

KOCHZEIT: ca. 5 Minuten

DER SPEZIELLE TIPP: Werfen Sie die übrig gebliebenen Vanilleschoten keinesfalls weg! Vermischen Sie die Schoten mit 500 g Kristallzucker und lassen Sie die Schoten darin trocknen. Im Mörser fein zerkleinern – und fertig ist der selbst gemachte Vanillezucker!

Kanarimilch

ZUTATEN

- **500 ml Milch**
- **2 Eidotter**
- **20 g Vanillepuddingpulver oder Stärke**
- **150 g Kristallzucker**
- **1 Vanilleschote oder Vanillezucker**

ZUBEREITUNG

- Wenig kalte Milch mit dem Vanillepuddingpulver glatt rühren.
- Das Mark aus der Vanilleschote auskratzen und mit der restlichen Milch sowie dem Kristallzucker langsam aufkochen. Währenddessen wiederholt umrühren. Die Vanilleschote dabei ebenfalls mitkochen.
- Vanilleschote wieder entfernen, Puddingpulver einrühren und kurz durchkochen.
- Vom Herd nehmen und die versprudelten Eidotter einrühren.
- In Schüsseln füllen und auftragen

VORBEREITUNGSZEIT: 3 Minuten

KOCHZEIT: 3–5 Minuten

VERWENDUNG: als Beilage zu warmen Wiener Mehlspeisen, etwa Topfenstrudel oder Dukatenbuchteln

Warme Schokoladesauce

ZUTATEN

- **400 g Kochschokolade**
- **250 ml Milch**
- **Mark von 1 ausgekratzten Vanilleschote**
- **Rum**
- **Zeste (Schale) von 1 Orange**

ZUBEREITUNG

- Schokolade in Stücke brechen und in der Milch langsam schmelzen lassen. Vanillemark, einen Schuss Rum sowie die abgeriebenen Orangenschalen zugeben und alles köcheln lassen. Je nach gewünschter Sämigkeit länger oder kürzer einkochen lassen.
- Schokoladesauce aufmixen und abseihen.

KOCHZEIT: ca. 10–15 Minuten

DER SPEZIELLE TIPP: Wenn die Schokoladesauce etwas luftiger und weniger schwer geraten soll, etwa als Garnitur für Mohr im Hemd, so zieht man etwas geschlagenes Obers unter die fertige Sauce. Auch ein Schuss Alkohol, etwa Orangenlikör oder hochwertiger Rum, sorgt für eine pfiffige Geschmacksnote.

Orangensauce

ZUTATEN

- **150 g Orangenschokolade (oder andere Schokolade)**
- **400 ml Milch**
- **50 g Kristallzucker**
- **Prise Vanillezucker**

ZUBEREITUNG

- In einem Topf die Milch mit Zucker langsam aufkochen lassen.
- Schokolade in Stücke brechen, zugeben und schmelzen lassen.
- Mit einer Prise Vanillezucker abschmecken.

KOCHZEIT: 10 Minuten

VERWENDUNG: Diese rasch zubereitete Sauce passt wunderbar zu vielen warmen Mehlspeisen, wie etwa luftigen Aufläufen.

Weiße Schokoladesauce (kalt)

ZUTATEN

200 g weiße Schokolade
100 ml Milch
50 g Kristallzucker
250 ml Schlagobers
Schuss Rum

ZUBEREITUNG

- Schokolade zerbrechen und in Milch mit Zucker langsam schmelzen lassen.
- Eine gute Stunde kalt stellen.
- Flüssiges Obers beigeben und mit einem Schuss Rum mit dem Stabmixer aufmixen.

KOCHZEIT: 3 Minuten, 1 Stunde kühlen
VERWENDUNG: eignet sich vor allem als Garnitur für warme und süße Mehlspeisen, aber auch für Eisspezialitäten

Patisserie-Creme

ZUTATEN

1 l Milch
300 g Zucker
120 g Puddingpulver
2 Eidotter
Mark von 2 Vanilleschoten

ZUBEREITUNG

- In einem Topf ¾ l Milch langsam aufkochen lassen.
- Inzwischen die restliche Milch mit Zucker, Puddingpulver, Dottern und dem Vanillemark glatt rühren.
- In die kochende Milch einrühren und alles gut durchkochen lassen, bis die Creme fest wird.
- Vom Feuer nehmen und auskühlen lassen. Vor der weiteren Verwendung nochmals gut aufschlagen.

KOCHZEIT: 10 Minuten

DER SPEZIELLE TIPP: Da diese Creme äußerst vielseitig verwendbar ist und bei guter Kühlung zudem noch einige Zeit aufbewahrt werden kann, ist es ratsam, gleich eine größere Menge zuzubereiten. Abgesehen von ihrer Funktion als ideale Füllcreme in der süßen Küche lassen sich daraus auch feine Dessertcremen zaubern, indem Sie die Creme etwa mit beliebigem Fruchtmark und etwas geschlagenem Obers vermengen. Lassen Sie Ihrer Fantasie freien Lauf!

Vanillecreme

ZUTATEN

- **1 l Milch**
- **400 ml Schlagobers**
- **150 g Zucker**
- **Mark von 1 ausgekratzten Vanilleschote**
- **60 g Puddingpulver**
- **4 Eidotter**
- **6 Blatt Gelatine**

ZUBEREITUNG

- Gelatine in kaltem Wasser einweichen.
- In einem Topf drei Viertel der Milch (750 ml) mit Zucker und dem Vanillemark aufkochen lassen.
- Die restliche Milch mit Puddingpulver und Dottern glatt rühren und unter ständigem Rühren in die Milch geben. Aufkochen lassen und dann wieder vom Feuer nehmen.
- Ausgedrückte Gelatine einrühren und die Creme überkühlen lassen.
- Inzwischen das Obers steif schlagen.
- Vanillecreme mit dem Mixer aufschlagen, das geschlagene Obers untermengen und je nach Verwendung weiterverarbeiten.

ZUBEREITUNGSZEIT: 15–20 Minuten
VERWENDUNG: Die Vanillecreme schmeckt an und für sich schon sehr fein, sie kann allerdings auch noch mit Beeren- und Fruchtmark oder geraspelter Schokolade zu einer Dessertcreme verarbeitet werden. In der süßen Küche findet Vanillecreme auch als Füllcreme vielfältige Einsatzmöglichkeiten.

Butterbrösel

ZUTATEN (S. DAZU TIPP)

- **250 g Butter**
- **250 ml Öl**
- **900 g Semmelbrösel**
- **250 g Kristallzucker**

ZUBEREITUNG

- Butter und Öl erhitzen und nur die Hälfte der Brösel einrühren.
- Unter ständigem Rühren, in Fett schwimmend dunkelbraun rösten.
- Vom Feuer nehmen und die restlichen Brösel sowie den Zucker dazugeben. Rasch durchrühren, aber nicht mehr erhitzen.

KOCHZEIT: 15–18 Minuten
VERWENDUNG: eignet sich sowohl zum Garnieren von warmen Mehlspeisen, wie etwa Topfenknödeln, Zwetschken- oder Marillenknödeln, aber auch als Bindemittel in der Fülle von saftigen Strudeln.
DER SPEZIELLE TIPP: Da wirklich gute Butterbrösel in der süßen Mehlspeisküche nahezu uneingeschränkt einsetzbar sind, bereiten Sie am besten gleich eine größere Menge zu. In luftdichten Gläsern kühl gelagert, halten sich die Brösel bis zu einem Monat!

Schokoladeglasur

ZUTATEN

- **200 g Staubzucker**
- **200 g Butter**
- **200 g Kochschokolade**
- **8 EL Milch**

ZUBEREITUNG

- Milch in einen Topf gießen.
- Schokolade in Stücke brechen und mit Zucker und Butter unter ständigem Rühren langsam aufkochen und glatt rühren.

ZUBEREITUNGSZEIT: 5 Minuten
VERWENDUNG: zum Überziehen von Keksen oder Torten

Sacher-Schokoladeglasur

ZUTATEN

- **300 g Kristallzucker**
- **250 g Tunkmasse (im Fachhandel erhältlich) oder Schokolade**
- **125 ml Wasser**
- **Marmorplatte zum Tablieren**

ZUBEREITUNG

- In einem Topf Wasser mit Zucker und Tunkmasse langsam so lange erwärmen, bis alles verschmolzen ist (auf etwa 108 °C).
- Dann die Masse in einen Topf abseihen, einen Teil (etwa ein Viertel) der Glasur auf eine Marmorplatte gießen und fest tablieren, d. h. mit einer Palette oder einem langen Messer ohne Wellenschliff durch Hin- und Herstreichen fester werden lassen. Währenddessen die restliche Glasur im Topf wiederholt umrühren, damit sich keine Haut bilden kann.
- Die nun dickflüssiger gewordene Schokomasse wieder in den Topf geben, durchrühren und abermals etwas davon auf die Marmorplatte gießen und tablieren. Diesen Vorgang so lange wiederholen, bis die Glasur letztlich eine dickflüssige Konsistenz erreicht hat und sich gut auftragen lässt.
- Mit erwärmter Marmelade bestrichene Torte oder Kuchen damit überziehen, auf ein Brett stellen und erstarren lassen.

ZUBEREITUNGSZEIT: 20 Minuten

DER SPEZIELLE TIPP: Da Marmorplatten nicht in jeder Küche Standard sind, kann man sich beim Tablieren auch dadurch behelfen, dass man die Schokomasse mit der Palette am Rand des Topfes hin- und herstreicht – was freilich einen viel größeren Zeitaufwand bedeutet, aber der typische Glanz der Glasur lohnt die Mühe.

GRUNDREZEPTE · Grundteige

Nudelteig I

ZUTATEN

ca. 250 g griffiges Mehl
2 Eidotter
2 Eier

ZUBEREITUNG

- Das Mehl mit Eidottern und Eiern zu einem geschmeidigen Teig verarbeiten. Je nach Größe der Eier eventuell noch etwas mehr Mehl verwenden.
- Mit einem Tuch oder Folie abdecken und ca. 2 Stunden kühl rasten lassen. Je nach der weiteren Verwendung mit der Nudelmaschine oder händisch dünn ausrollen.

VERWENDUNG: Dieser Teig eignet sich vor allem für feine Nudeln, die als Beilage zu Ragouts und Saucengerichten oder als eigenständiges Nudelgericht gereicht werden.

DER SPEZIELLE TIPP: Wenn Sie Nudeln als Beilage für pikante Saucen oder Sugo zubereiten, so sollten Sie den Teig wenig oder gar nicht salzen, da das Gericht sonst zu intensiv schmecken könnte. Auch Öl muss in diesem Fall nicht in den Teig, da die Nudeln andernfalls ihren Biss verlieren würden.

Nudelteig II

ZUTATEN

500 g griffiges Mehl
5 Eier
3 EL Öl
Salz

ZUBEREITUNG

- Das Mehl mit den Eiern, Öl und einer Prise Salz zu einem Teig verkneten. Kühl rasten lassen und je nach Verwendung weiterverarbeiten.

VERWENDUNG: für die Herstellung von selbst gemachten Suppennudeln, aber auch für gefüllte Täschchen oder Fleckerl

Nudelteig III

ZUTATEN

150 g glattes Mehl
100 g Grieß
2 Eier
1 EL Olivenöl
Salz

ZUBEREITUNG

- Das Mehl mit Grieß, Eiern, Olivenöl und einer Prise Salz zu einem Teig verkneten. Kühl rasten lassen und je nach Verwendung weiterverarbeiten.

VERWENDUNG: für selbst gemachte Nudelgerichte à la minute, die mit feiner Sauce, Sugo etc. serviert werden

Erdäpfelteig I für pikante Knödel

ZUTATEN

- 500 g am Vortag gekochte mehlige Erdäpfel
- 2 EL Stärke
- 150 g Mehl
- 2 Eidotter
- 1 Ei
- Prise Salz

ZUBEREITUNG

- Erdäpfel mit Mehl, Stärke, Dottern, Ei und wenig Salz zu einem geschmeidigen Teig verarbeiten.
- Zu einer Kugel formen und je nach Bedarf weiterverwenden.

Erdäpfelteig II für Schupfnudeln oder Nockerl

ZUTATEN

- 500 g am Vortag gekochte mehlige Erdäpfel
- 2 Eidotter
- 1 Ei
- 200 g Mehl
- 80 g Topfen
- Salz
- Muskatnuss bei Bedarf
- 1 EL Stärke

ZUBEREITUNG

- Die vorgekochten Erdäpfel mit Dottern, Ei, Mehl, Topfen, Stärke sowie einer Prise Salz und je nach Verwendung auch noch Muskatnuss zu einem geschmeidigen Teig verarbeiten.
- Zu einer Kugel formen und je nach Bedarf weiterverwenden.

VERWENDUNG: für Schupfnudeln zu pikanten Gerichten mit Sauce, aber auch für süße Mohn- oder Nussnudeln

Erdäpfelteig III für Obstknödel

ZUTATEN

- 500 g (am besten am Vortag) gekochte Erdäpfel
- 50 g zimmerwarme Butter
- 200 g Mehl
- 50 g Grieß
- 2 Eidotter
- Prise Salz
- Abrieb von 1 Orange

ZUBEREITUNG

- Die gekochten Erdäpfel durch eine Erdäpfelpresse drücken (passieren).
- Auf einer Arbeitsfläche mit Butter, Mehl, Grieß, Dottern sowie einer Prise Salz und etwas abgeriebener Orangenschale gut verarbeiten und zu einem Teig verkneten.
- Zu einer Kugel formen und mit Folie abgedeckt etwas rasten lassen.
- Zu einer Rolle formen, kleine Stücke davon abschneiden und mit dem Obst nach Wahl füllen. Gut festdrücken.
- In einem Topf leicht gesalzenes Wasser aufkochen lassen, Knödel einlegen, aufkochen lassen und etwa 6 Minuten ziehen lassen.

VORBEREITUNGSZEIT: Teig ca. 20 Minuten

Strudelteig

ZUTATEN

- **250 g Mehl**
- **1 EL Öl**
- **1 Ei**
- **1/16 l (60–70 ml) lauwarmes Wasser**
- **etwas Salz**
- **Öl und flüssige Butter nach Bedarf zum Bestreichen**
- **Mehl zum Bestreuen**

ZUBEREITUNG

- Alle Zutaten zu einem geschmeidigen Teig verarbeiten. In zwei Hälften teilen, kurz „abschleifen", d. h. mit den Handballen kräftig durcharbeiten. (Für kleinere Strudel in entsprechend mehr Stücke teilen.)
- Zu einer Kugel formen, auf einen leicht geölten Teller legen, mit Alufolie abdecken oder mit Öl zart bestreichen und warm ca. 20 Minuten rasten lassen.
- Dann den Strudelteig ausziehen. Dafür den Teig auf einer bemehlten Unterlage (Küchentuch) zunächst ausrollen. Dann nach Belieben noch mit flüssiger Butter bestreichen und mit den Handrücken vorsichtig möglichst dünn ausziehen.

VORBEREITUNGSZEIT: 45 Minuten

Blätterteig

ZUTATEN

- **500 g glattes Mehl**
- **5 g Salz**
- **60 ml Rum**
- **20 ml Wasser**
- **500 g Butter und 100 g Mehl für den Butterziegel**

ZUBEREITUNG

- Mehl mit Salz, Rum und Wasser zu einem Teig verarbeiten. Mit den Handballen glatt schleifen. Zu einer Kugel formen, kreuzförmig einschneiden und feucht abgedeckt mindestens 30 Minuten rasten lassen.
- Dann von der Mitte aus mit einem Nudelwalker zu allen vier Ecken hin so ausrollen, dass der Teig in der Mitte noch leicht erhoben ist. (Am Rand sollte der Teig dann fingerdick sein.)
- Butter mit Mehl zu einem Ziegel verkneten. In die Mitte legen, die Teigecken darüberschlagen und mit dem Nudelwalker wieder vorsichtig etwas festdrücken. Rasten lassen.
- Nun abermals ausrollen, dreifach zusammenlegen, sanft ausrollen und wieder rasten lassen.
- Noch ein letztes Mal ausrollen und diesmal vierfach zusammenfalten, nochmals andrücken und abermals rasten lassen. Bis zur weiteren Verwendung kühl halten.

VORBEREITUNGSZEIT: 2–3 Stunden

Germteig

ZUTATEN

- **500 g Mehl**
- **75 g Kristallzucker**
- **75 g Butter**
- **20 g Germ**
- **250 ml Milch**
- **2 Eidotter**
- **5 g Salz**
- **Zitronenschale**
- **Vanillemark oder -zucker**

ZUBEREITUNG

- In einer Schüssel etwas lauwarme Milch mit Germ und wenig Mehl zu einem Dampfl ansetzen. Abgedeckt an einem warmen Ort gehen lassen.
- Dann die restliche Milch mit Zucker, Butter, Eidottern, einer Prise Salz sowie Zitronenschale und Vanille lippenwarm auf etwa 30 °C sanft erwärmen, aber keinesfalls aufkochen!
- Mit dem Dampfl und dem Mehl vermischen, wenn nötig noch etwas warme Milch zugeben und alles so lange mit dem Kochlöffel oder der Hand durcharbeiten, bis sich der Teig löst und eine glatte, seidige Beschaffenheit aufweist.
- Teig zugedeckt an einem warmen Ort gehen lassen, zusammenstoßen, abermals gehen lassen und vor der weiteren Verarbeitung abermals zusammenschlagen.

VORBEREITUNGSZEIT: ca. 1–1 ½ Stunden
VERWENDUNG: vor allem für Strudel und Buchteln, aber auch alle anderen Germ-Mehlspeisen

Backteig

ZUTATEN

- **ca. 350 g Mehl**
- **ca. 500 ml Milch**
- **50 g Öl**
- **3 Eidotter**
- **3 Eiklar**
- **50 g Kristallzucker**
- **Prise Salz**

ZUBEREITUNG

- In einer Schüssel das Mehl mit Milch, Öl, Dottern und einer Prise Salz zu einem Teig glatt rühren.
- Eiklar mit Kristallzucker zu steifem Schnee schlagen.
- Nun Schnee vorsichtig unterheben und je nach weiterer Verwendung verarbeiten.

VORBEREITUNGSZEIT: 10 Minuten
VERWENDUNG: Beliebiges Obst, wie etwa Apfelscheiben, Hollerblüten, gefüllte Zwetschken oder Marillen, kann in diesem Backteig gewendet und dann in heißem Öl goldgelb herausgebacken werden.

Gugelhupf – Napfkuchen
Gurkerl – in Essig eingelegte kleine Gurke
Häuptel – Kopf (z. B. Kopfsalat, Krautkopf)
Halbe – Glas mit ½ l Bier
Heidelbeeren – Blaubeeren
Hendl, Henderl – Huhn, Hähnchen
Herrenpilz – Steinpilz
Heurige – Frühkartoffeln
Heuriger – junger Wein einerseits, andererseits die Buschenschenken, in denen vor allem, aber nicht nur, dieser Wein ausgeschenkt wird
Hieferscherzel – besonders beliebtes Stück Rindfleisch zum Sieden
Holler – Holunder
Hühnerbiegel (oder -beugerl) – Hühnerkeule
Junges – vor allem Enten, Hühner- oder Gänseklein (Flügerl, Magen, Hals etc.) für die Suppe
Jungfernbraten – Schweinslungenbraten (-filet)
Kalbsvögerl – besonders saftiges Stück Kalbfleisch von der Hesse
Karfiol – Blumenkohl
Karotte – Mohrrübe
Kavalierspitz – gut „durchwachsenes" Stück aus der Rindsschulter
Kelch – Wiener Ausdruck für Kohl (Wirsing)
Kipferl – Hörnchen
Kitz – junge Ziege, mitunter auch für junges Lamm
Kletzen – gedörrte Birnen
Klobasse – Brühwurst
Knacker (Knackwurst) – Wurstspezialität, die kalt oder heiß gegessen wird
Knödel – Kloß
Knödelbrot – altbackene Semmelwürfel
Koch – auflaufähnliche Süßspeise
Kohl – Wirsing
Kohlsprosserl – Rosenkohlröschen
Krapfen – in Schmalz herausgebackenes Gebäckstück aus Germ(Hefe-)teig
Kraut – Weißkohl
Kren – Meerrettich
Kruspelspitz – Fleisch von der Rindsschulter, der gerne gekocht wird
Kuttelkraut – Thymian
Kutteln – Kaldaunen
Liwanzen – siehe Dalken
Lungenbraten – Filet von Rind oder Schwein, manchmal auch Lamm
Mageres Meisel – fettarmer vorderer Schulterblattmuskel des Rinds, der in der Wiener Siedefleischküche sehr beliebt ist
Marille – Aprikose
Marmelade – Konfitüre
Maroni – Edelkastanie
Melange – Kaffee mit aufgeschäumter Milch serviert
Melanzani – Aubergine
Neugewürz – Piment
Nierndln – Niere von Kalb oder Schwein
Nockerl – Spätzle, kleine Teigklößchen, wird auch als Sammelbegriff für kleine, oval geformte Speisen verwendet
Obers – Schlagsahne
Ochsenschlepp – Ochsenschwanz
Omelett – Eierkuchen
Palatschinke – Pfannkuchen aus eher dünnflüssigem Teig
Panad(e)lsuppe – Brotsuppe
Panieren – in Mehl, Ei und Bröseln wenden
Paradeiser – Tomate
Pfiff Bier – kleinste ausgeschenkte Biermenge (ca. 1/8 l)
Pofesen – meist süßes Gericht aus zusammengelegten, gefüllten Weißbroten
Polenta – Maisgrieß
Porree – Lauch
Powidl – Pflaumenmus
Risipisi – aus dem Italienischen *(Risi e bisi)* stammende Beilage aus Reis und Erbsen
Rahm – gebräuchliche Bezeichnung für Sauerrahm
Reibgerstl – Rollgerste
Rein (Reindl) – Bratenpfanne oder Kasserolle, in der Gerichte zubereitet und manchmal auch serviert werden
Ribisel – Johannisbeere
Rieddeckel – Rindfleisch aus der Zwerchrippendecke
Röster – gedünstetes Obst, etwa Holler oder Zwetschken
Rostbraten – Scheibe Rindfleisch (Hohes Roastbeef, Hochrippe), das entweder ganz kurz gebraten oder lange gedünstet wird
Rote Rübe – Rote Bete
Rotkraut – Rotkohl

Sauerkraut – Sauerkohl
Sauerrahm – saure Sahne
Schlagobers (Obers) – süße Sahne
Schmalz – Sammelbegriff für ausgelassenes Fett vom Schwein, aber auch Butterschmalz
Schmarren – meist süße Speise aus souffl ierender Omelettenmasse, die in Stücke gerissen wird (Kaiserschmarren), aber auch Schimpfwort für etwas Unnützes
Schneidsemmeln – altbackene Brötchen
Schöberl – Suppeneinlage aus Biskuitteig
Schopfbraten – Schweinekamm
Schulterscherzel – kurzfaseriges und besonders saftiges Stück aus der Rinderschulter mit charakteristischem, quer verlaufendem und gallertigem Kern
Schwammerl – Sammelbegriff für Pilze, vor allem aber Eierschwammerl
Schwarzer – schwarzer Kaffee ohne Milch
Seidel – Glas mit 1/3 l Bier
Selchspeck – Räucherspeck
Semmel – Brötchen
Spanferkel – junges (Milch-)Schwein
Staubzucker – Puderzucker
Sterz – dicker Brei, etwa aus Maisgrieß
Tafelspitz – der saftigste Teil des Rindsknöpfels (Rinderkeule) ist das berühmteste Wiener Siedefleischstück und wird grundsätzlich mit Fetteindeckung gekocht und mit den klassischen Beilagen serviert
Topfen – Quark
Versprudeln – verquirlen oder verrühren
Vierterl – Glas mit ¼ Liter Wein, meist beim Heurigen
Wadschinken (Wadschunken) – ausgelöste Hesse zum Kochen
Waller – Wels
Weichsel – Sauerkirsche
Weißes Scherzel – Rindfleisch zum Kochen vom hinteren Schwanzstück
Weißkraut – Weißkohl
Wurzelwerk – Suppengrün (meist ein Bündchen aus Mohrrüben, Möhren, Sellerie und Petersilienwurzel mit etwas Petersilgrün)
Würstel – Sammelbegriff für Würstchen
Zander – Hechtbarsch, Schill, im Burgenland auch Fogosch
Zwetschke – Zwetschge, Pflaume

ZU TISCH IN WIEN

Ein kleiner Streifzug rund um die zeitgemäße Wiener Küche, welche Menüfolgen sie pflegt und die dazu passende Weinbegleitung.

DAS PERFEKTE MENÜ

„Über Geschmäcker lässt sich streiten, über Geschmack nicht." Diese gerne zitierte Gourmet-Weisheit trifft auch auf die Auswahl einer Menüfolge zu, gibt es doch einige Grundregeln, die nicht gebrochen werden sollten. Im Unterschied zu mediterranen Ländern basiert die Wiener Küche im Allgemeinen auf drei Säulen: Vorspeise – Hauptspeise – Nachspeise. Unter Vorspeise verstand der gelernte Wiener lange Zeit ausschließlich Suppen, die dafür in einer äußerst vielseitigen Bandbreite. Bis in die Siebzigerjahre hinein wurden Gerichte wie gefüllte Schinkenrollen, Beef Tatar oder Rindfleischsalat im Restaurant zwar hin und wieder tatsächlich als Vorspeisen serviert, meist allerdings als schnelle Jause oder g'schmackiger Imbiss zu einem Glas Wein oder Bier geordert. Erst das globalisierte kulinarische Denken sowie das zunehmende Gesundheitsbewusstsein haben diesbezüglich ein langsames Umdenken mit sich gebracht. Statt fettem Mayonnaiseei finden sich nunmehr schlanke Salatkreationen und Mini-Portionen interessanter Gerichte unter der Rubrik „Vorspeisen" auf der Speisekarte. Womit nun auch die Wiener Küche abseits der Suppe zu ihren Vorspeisen gekommen ist.
Ist damit alles erlaubt innerhalb eines Menüs? Nicht ganz.
Starten Sie das Menü mit einer möglichst leichten, klein gehaltenen Speise. Salatkreationen eignen sich dafür besonders gut, aber auch winzige Portionen von nicht zu üppigen Gerichten, die Sie gut vorbereiten können, empfehlen sich diesbezüglich. Alle Arten von Gemüse-, Nudel- oder Fischgerichten tun hier ebenfalls gute Dienste.

Auch Suppen, die durchaus an heißen Tagen einmal kalt sein können, eignen sich als Starter perfekt. Eine große Scheibe warmer Kümmelbraten mit knuspriger Schwarte schmeckt beim Heurigen gut, passt als Vorspeise allerdings weniger.

Wenn Sie im Rahmen eines mehrgängigen Menüs vor dem Hauptgericht noch ein kleines warmes Zwischengericht einplanen, so sollte die vorausgehende Vorspeise tunlichst kalt oder ein kleines Süppchen sein. Als Zwischengericht empfehlen sich besonders die zahlreichen Wiener Spezialitäten wie Krautfleckerl, Blunzenpofesen, Eierschwammerl- oder Erdäpfelgulasch – freilich stets klein dimensioniert.

Wenn Sie nicht gerade an ein reines „Themenmenü“ denken, also beispielsweise nur Fisch, Innereien oder etwa Lammfleisch verarbeiten wollen, so sollten Sie darauf achten, dass die Hauptzutat in Vor- und Hauptspeise nicht dieselbe ist. Auf ein zartes Fischfilet auf Blattsalat bei der Vorspeise sollte danach ein „fleischlicher“ oder Gemüse–Genuss bei der Hauptspeise folgen.

Achten Sie bei der Auswahl der Gerichte darauf, dass sich keine Saucen wiederholen und auch die dominierenden Zutaten nur einmal vorkommen. Erbsenschoten auf dem einleitenden Salat, als schwimmende Garnitur in der Gemüsesuppe und als Gemüsebeilage beim Steak sind zu viel des Guten. Gourmets gehen sogar so weit, dass sie stark hervorschmeckende Aromen wie etwa Ingwer, Anis oder Fenchel nur in einem Gericht „erschmecken“ wollen.

Apropos Saucen. Unter Traditionalisten gilt die Regel „helle Sauce zu hellem Fleisch, dunkle Sauce zu rotem Fleisch“ nach wie vor. Zu Fisch-, Geflügel- und Kalbfleischgerichten wird man also eher Saucen auf Weißweinbasis servieren, kräftiger Rotwein darf in den Saucen bei Wild- oder Rindfleischgerichten vorkommen. Dogma ist das allerdings keines mehr. In den letzten Jahren hat sich diesbezüglich eine Trendumkehr bemerkbar gemacht, wonach zu Fischgerichten durchaus auch passende leichte Rotweinsaucen serviert werden können.

Ob Sie als Nachspeise nun ein süßes Dessert reichen oder dieses wahlweise durch einen Käsegang ersetzen oder ergänzen, ist letztlich eine Frage des Geschmacks und der Kapazität Ihrer Gäste. Als Gastgeber haben Sie die Möglichkeit, die Größe der Portionen so zu steuern, dass die Gäste auch noch Gusto auf den letzten Gang haben.

Wenn Sie Käse servieren, nehmen Sie diesen – abgesehen von Frischkäse – etwa 1 Stunde vor dem Auftragen aus dem Kühlschrank, damit er sein Aroma entfalten kann. Kalter Käse schmeckt nicht! Reichen Sie dazu Kürbiskerne, Weintrauben, Walnüsse und frisches Brot.

5 Menüvorschläge aus dem Buch mit 3 Gängen

- Altwiener Erdäpfelsuppe mit Schwammerln
- „O'prasselte“ Schweinsfledermaus
- Palatschinken mit Marillenmarmelade

- Schweinsbratencarpaccio mit Erdäpfel-Kren-Vinaigrette
- In Rohschinken gebratener Zander mit geschmolzenen Paradeisern
- Liwanzen mit Powidl

- Knuspriger Erdäpfelsalat
- Überbackene Schinkenfleckerl mit Kochsalat und Erbsen
- Schoko-Himbeer-Törtchen

- Secessionsnockerlsuppe *(Dreierlei Grießnockerlsuppe)*
- Kalbsrückenschnitte mit zweierlei Erbsen
- Schokoladeauflauf mit Vanilleschaum und Weichseln

- Beef Tatar
- Powidltascherl
- Käseteller mit Nüssen und Weintrauben

5 MENÜVORSCHLÄGE AUS DEM BUCH MIT 4 GÄNGEN

(die Portionsgrößen sollten Sie dabei nach Bedarf kleiner dimensionieren)

- Gefülltes Ei
- Spargelsuppe mit Schinkensandwich
- Geschmorte Kalbsbackerl mit Erdäpfelspritzkrapferln
- Weintraubenschnitten

- Rote-Rüben-Kren-Aufstrich
- Kohlwürstelpudding
- Rosa Rehschlögel mit Wacholdersauce und Vanilleäpfeln
- Gerührter Eiskaffee

- Dreierlei von der Urkarotte
- Selleriesuppe
- Gefüllte Erdäpfelteigtascherl mit Schafkäse
- Grießflammeri mit Beerenspiegel

- Paradeisersuppe mit Basilikumschäumchen und Parmesanchips
- Blunzenpofesen mit grünem Spargel
- Forellenfilet in der Erdäpfelkruste
- Kaffeeschnitte im Glas

- Tafelspitzsülzchen auf marinierten Rüben
- Bröselknödelsuppe
- Pochierter Waller mit Paprikareis und Schnittlauchsud
- Rhabarberstrudel mit weißer Schokoladesauce

WELCHER WEIN PASST WOZU?

Wenngleich sich auch in der Frage der optimalen Weinbegleitung in den letzten Jahren nach dem Motto „erlaubt ist, was gefällt" durchaus Revolutionäres getan hat, wird man im Regelfall davon ausgehen, dass zu Beginn eines Menüs ein mehr oder weniger leichter Weißwein stehen wird, es sei denn, Sie starten mit einem erfrischenden Gläschen Sekt, Prosecco oder Champagner. Zu welchem Weißwein Sie greifen werden, hängt letztlich vom dazu gereichten Gericht ab. Im Allgemeinen werden Sie jedoch mit einem frischen Grünen Veltliner (mit seinem typischen „Veltliner-Pfefferl"), einem feinen Welschriesling oder duftigen Muskateller am Beginn nicht schlecht beraten sein. Folgt danach Kalb oder Geflügel, darf es durchaus ein etwas kräftigerer Weißwein, wie etwa eine im Barriquefass ausgebaute Cuvée oder ein Chardonnay sein. Rindfleisch- oder Wildgerichte fühlen sich hingegen in der Gesellschaft von kräftigen Rotweinen äußerst wohl. Ob Blaufränkisch, Blauburgunder oder Zweigelt, ob mit oder ohne Barriqueausbau, als Cuvée oder nicht – all das sind Fragen des Geschmacks und der Geldbörse. (Wenngleich es nicht ratsam wäre, auf einen guten, kräftigen Weißwein einen schlaffen, dünnen Rotwein folgen zu lassen.) Auch die in Restaurants obligatorische Frage, ob es zum Dessert ein Gläschen Trockenbeerenauslese oder Eiswein sein darf, müssen Sie selbst entscheiden. Süßwein schmeckt schon fein zu flüssigem Schokosoufflé, ein kräftiger Weißburgunder mit feinem Mandelaroma ist manchem Gaumen aber noch lieber.

DIE WICHTIGSTEN TIPPS FÜR EINE GELUNGENE EINLADUNG

Achten Sie bei der Zusammenstellung des Menüs auf eventuelle Speisenunverträglichkeiten oder Allergien Ihrer Gäste.
Kochen Sie nur Gerichte, die Sie bereits erprobt haben oder die sicher funktionieren. Keine Experimente bei Gästen!
Stellen Sie zwei Einkaufslisten zusammen: eine mit Dingen, die Sie schon ein paar Tage im Voraus besorgen können, und eine mit frisch zu kaufenden Zutaten. Das erspart unnötigen Stress am Tag der Einladung.
Denken Sie an netten Tischschmuck und Blumen, beides schafft ein nettes Ambiente.
Überlegen Sie früh genug, was Sie den Gästen an Getränken anbieten wollen. Bier, Weißwein oder Sekt sollten bereits Stunden davor eingekühlt werden.
Decken Sie den Tisch schon einige Zeit, bevor Ihre Gäste kommen – manchmal kommen diese früher als erwartet!
Ein rechtzeitiges „Mise en place", also exaktes Vorbereiten der benötigten Zutaten, erspart beim Kochen Zeit.

DER RICHTIG GEDECKTE TISCH

Ein Tischtuch sieht nett aus, muss aber nicht zwingend sein. Ist der Tisch dekorativ genug, sind sogar Platzsets überflüssig.
Das Besteck sollte bereits eingedeckt sein, wenn Ihre Gäste kommen. Also Messer rechts, Gabel links auflegen. Wird davor Suppe serviert, so decken Sie den Löffel rechts neben dem Messer ein. Reichen Sie davor eine kleine Vorspeise, so wird abermals ein Messer rechts vom Messer und spiegelverkehrt die Gabel links der Gabel aufgelegt. Im Fachhandel ist dafür kleineres „Vorspeisenbesteck" erhältlich. Kleine Löffelchen oder Gäbelchen für das Dessert legen Sie am besten oben zwischen Messer und Gabel auf.
Wenn Sie den Ehrgeiz besitzen und ein vielgängiges Menü planen, sollten Sie nicht für alle Gänge im Voraus das Besteck auflegen. Eine „Grundausstattung" von jeweils zwei Gabeln und Messern sollte fürs Erste reichen. Danach wird frisch eingedeckt.
Zu vielen Speisen passt frisches, knuspriges Gebäck sehr gut. Damit dieses nicht einfach auf dem Tisch herumliegen muss, decken Sie links oberhalb der Gabel einen kleinen Teller, den so genannten Gedeckteller, auf. Besonders hübsch sieht das aus, wenn Sie auf diesen noch ein kleines Buttermesser platzieren.
Gläser finden auf der rechten Seite Platz. Im Allgemeinen werden ein Glas für Wasser oder Bier aufgedeckt, schräg rechts dahinter die Weingläser. Sollten Sie unterschiedliche Gläser für Weiß- und Rotwein einplanen, so steht das (größere und bauchigere) Rotweinglas schräg hinter dem (etwas kleineren) Weißweinglas – also alles in der Reihenfolge des Servierens.
Servietten sind unerlässlich, egal ob sie nun aus Papier oder Stoff gefertigt sind. In puncto Serviettenfalten sind Ihrer Kreativität keine Grenzen gesetzt, rollen, falten Sie, so gut Sie können – und platzieren Sie die Serviette dann entweder in der Mitte zwischen Gabeln und Messern oder rechts unter bzw. neben dem Messer.
Salz- und Pfefferstreuer stehen im Wirtshaus zwar immer auf dem Tisch, müssen zu Hause aber nicht sein. Im Optimalfall geht man davon aus, dass die Gerichte perfekt gewürzt sind. Sie sollten dennoch darauf vorbereitet sein, dass einer Ihrer Gäste nachwürzen möchte, und für diesen Fall Salz und Pfeffer in Reichweite haben.
Kerzen, Blumen und Tischschmuck sollten nur in dem Maße eingedeckt werden, als sie stimmungsfördernd und dem Gespräch über den Tisch hinweg nicht hinderlich sind. Also verzichten Sie besser auf mächtige Blumengestecke oder Kerzen.

Register

Ein außergewöhnliches Kochbuch für alle Sinne mit wunderbar kreativen Rezepten, abgestimmt auf den Rhythmus der Jahreszeiten.

Das Standardwerk der modernen Vorratshaltung: vom Einlegen und Einkochen, Entsaften und Backen bis zum Räuchern, Trocknen und Dörren.

Andrea Grossmann
ERLEBNISKOCHEN
Mit den Jahreszeiten leben, kochen, genießen

224 Seiten, 19 x 24,5 cm
Hardcover mit SU, zahlr. Farbabb.

ISBN: 978-3-99011-034-8
€ 29,99

Ingrid Pernkopf · Willi Haider
DIE VORRATSKAMMER
Die 450 besten Rezepte vom Einlegen bis zum Räuchern

320 Seiten, 17 x 24 cm
Hardcover mit SU, zahlr. Farbabb.

ISBN: 978-3-85431-545-2
€ 29,95

Christoph Wagner
BRATENKÜCHE
150 feine Rezepte von Geflügel bis Wild

240 Seiten, 17 x 24 cm
Hardcover mit SU, zahlr. Farbabb.

ISBN: 978-3-85431-525-4
€ 24,95

Christoph Wagner · Ingrid Pernkopf
KNÖDELKÜCHE
Die 250 besten Rezepte von pikant bis süß

240 Seiten, 17 x 24 cm
Hardcover mit SU, zahlr. Farbabb.

ISBN: 978-3-85431-526-1
€ 24,95

Das praktische Grundkochbuch der modernen Bratenküche: köstliche Bratenrezepte für Rind, Kalb, Schwein, Lamm, Geflügel, Fisch und Wild.

Das Beste aus der Knödelküche: von den klassischen Speck- und Grammelknödeln bis hin zu süßen Köstlichkeiten mit Obst, Eis und Schokolade.

edition styria pichler verlag